汽车先进技术译丛 新能源汽车系列

混合动力汽车能量管理策略
Hybrid Electric Vehicles
Energy Management Strategies

[美] 西蒙娜·奥诺里（Simona Onori）

[意] 洛伦佐·塞拉奥（Lorenzo Serrao） 著

[美] 乔治·里佐尼（Giorgio Rizzoni）

胡晓松 唐小林 刘 腾 译

机械工业出版社

能量管理策略是设计与开发混合动力汽车控制系统的关键技术，直接影响着整车的动力性能和经济性能。对于混合动力系统而言，由于存在多个能量源，增加了系统控制的难度。本书针对燃油经济性问题，研究了基于面向控制模型的监督控制器的开发，系统讨论了面向控制的动力系统建模、车辆动力系统仿真方法以及能量管理问题公式化过程，重点探讨了动态规划、极小值原理、等效燃油消耗最小策略等优化理论在能量管理中的应用。

本书能够帮助读者快速掌握与混合动力汽车能量管理相关的专业知识，可作为车辆工程专业本科生、研究生的课程专用教材，也可作为汽车专业、电气工程工程师，以及混合动力汽车控制与优化专业人员的参考用书。

First published in English under the title
Hybrid Electric Vehicles: Energy Management Strategies
By Simona Onori, Lorenzo Serrao and Giorgio Rizzoni.
Copyright © Simona Onori, Lorenzo Serrao and Giorgio Rizzoni, 2016
This edition has been translated and published under licence from
Springer-Verlag London Ltd., part of Springer Nature.
This title is published in China by China Machine Press with license from Springer. This edition is authorized for sale Chinese mainland (excluding Hong Kong SAR, Macao SAR and Taiwan). Unauthorized export of this edition is a violation of the Copyright Act. Violation of this Law is subject to Civil and Criminal Penalties.

本书由Springer授权机械工业出版社在中国大陆地区（不包括香港、澳门特别行政区以及台湾地区）出版与发行。未经许可之出口，视为违反著作权法，将受法律之制裁。
北京市版权局著作权合同登记 图字：01-2020-0525号。

图书在版编目（CIP）数据

混合动力汽车能量管理策略 /（美）西蒙娜·奥诺里（Simona Onori），（意）洛伦佐·塞拉奥（Lorenzo Serrao），（美）乔治·里佐尼（Giorgio Rizzoni）著；胡晓松，唐小林，刘腾译. —北京：机械工业出版社，2020.7（2025.1 重印）

（汽车先进技术译丛. 新能源汽车系列）

书名原文：Hybrid Electric Vehicles：Energy Management Strategies

ISBN 978-7-111-65551-0

Ⅰ.①混… Ⅱ.①西… ②洛… ③乔… ④胡… ⑤唐… ⑥刘… Ⅲ.①混合动力汽车－能量管理系统 Ⅳ.① U469.7

中国版本图书馆 CIP 数据核字（2020）第 077958 号

机械工业出版社（北京市百万庄大街 22 号 邮政编码 100037）
策划编辑：赵海青 责任编辑：赵海青 王婕
责任校对：王 延 封面设计：鞠 杨
责任印制：邓 博
北京盛通数码印刷有限公司印刷
2025 年 1 月第 1 版第 4 次印刷
169mm×239mm · 7.75 印张 · 2 插页 · 111 千字
标准书号：ISBN 978-7-111-65551-0
定价：89.00 元

电话服务　　　　　　　网络服务
客服电话：010-88361066　机 工 官 网：www.cmpbook.com
　　　　　010-88379833　机 工 官 博：weibo.com/cmp1952
　　　　　010-68326294　金 书 网：www.golden-book.com
封底无防伪标均为盗版　机工教育服务网：www.cmpedu.com

译者序

Preface

面对日益严重的能源和环境危机，建立绿色可持续的运输工具是世界各国实施节能减排的重要举措。鉴于纯电动汽车续驶里程仍不足，混合动力汽车作为一种过渡车型受到各国政府和研发机构的重视。美国、日本等发达国家以及我国对清洁汽车的实践及研究充分表明，混合动力汽车已成为汽车行业发展的趋势之一。

能量管理策略是设计与开发混合动力汽车控制系统的关键技术，直接影响着整车的动力性能和经济性能。对于混合动力系统而言，由于存在多个能量源，增加了系统的控制难度。本书针对燃油经济性问题，研究了基于面向控制模型的监督控制器的开发，系统讨论了面向控制的动力系统建模、车辆动力系统仿真方法以及能量管理问题公式化过程，重点探讨了动态规划、极小值原理、等效燃油消耗最小策略等优化理论在能量管理中的应用。

为了方便读者学习和理解本书提出的思想与方法，书中提供了并联式和混联式混合动力汽车优化控制的应用实例，详细地阐述了动力系统的建模过程与能量管理的实现过程。因此，译者相信本书能够帮助读者快速掌握与能量管理相关的专业知识。

本书可作为车辆工程专业本科生、研究生的课程专用教材，也可作为汽车专业、电气工程工程师，以及混合动力汽车控制与优化专业人员的参考用书。

本书由胡晓松承担前言、第1章及第4~6章的翻译工作，唐小林承担第2章和第8章的翻译工作，刘腾承担第3章和第7章及符号命名的翻译工作。全书由胡晓松定稿，研究生张硕、李亚鹏、陈科坪、张小倩和李珊珊承担部分文字整理工作，在此致谢。

由于译者水平有限，不当之处欢迎批评指正。

译 者

原书前言
Preface

混合动力汽车的起源可以追溯到 1899 年，当时雅各布·洛纳公司（Jacob Lohner & Co）的年轻工程师费迪南德·保时捷（Ferdinand Porsche）博士制造了第一辆混合动力汽车，并命名为洛纳-保时捷（Lohner-Porsche）油电混合汽车[1]。在此之后，其他发明者在 20 世纪早期也相继对混合动力汽车开展了研究。然而，随着发动机技术的显著改进，与电动汽车相似，混合动力汽车在市场上消失了很长一段时间。

近一个世纪后，混合动力系统的概念重新得到重视，大量的研究原型及其成功的商业产品涌现：丰田在 1998 年推出了 Prius——第一款专门设计和制造的混合动力汽车；本田于 1999 年推出了 Insight。全新的整车控制技术，尤其是电控系统，能够成功协调和驾驭混合动力汽车中复杂的子系统，使新一代混合动力汽车与前代相比性能更加优良。政府的举措也为该领域的发展提供了有力支持，如美国新一代汽车合作伙伴关系（Partnership for A New Generation of Vehicles，PNGV）[2]，其中涉及戴姆勒-克莱斯勒（Daimler Chrysler）、福特汽车公司（Ford Motor Company）和通用汽车公司（General Motors Corporation）。PNGV 为汽车公司、汽车产品供应商、国家实验室和大学之间的项目合作研究提供了机会。本书中汇编的材料是作者在俄亥俄州立大学汽车研究中心（PNGV 学术实验室之一）合作研究时获得的经验成果，自 1995 年以来，该实验室一直致力于汽车原型的设计与能量管理算法的开发。

能量管理策略对于充分发挥混合动力汽车的潜能是必要的，由于存在一种可逆的能量储存装置和一台（或多台）电机，相比于传统汽车，混合动力汽车可以减少燃油消耗并降低有害物的排放。附加的能量储存部件引入了新的自由度，该自由度旨在以最高效的方式分配发动机和电池之间的功率需求。能量管理策略是这项任务所需的控制层。

尽管已有很多关于混合动力汽车系统、控制及其优化的相关论文，但目前还没有一本书籍系统地讨论过基于模型的能量管理策略设计中更深层次的问题。因此，本书的目的是提供一种系统的基于模型的方法，并利用最优控制理论方法和语言提出一个正式框架来解决能量管理问题。

本书重点研究了基于模型的燃油消耗最小化监督控制器的开发，未将其他的成本函数，如污染排放物或电池寿命等纳入考虑范围。对于驾驶性能问题，如噪声、平顺性和振动，以及启发式监督控制器的设计等也暂不考虑。

目前，工程师对严谨的混合动力汽车分析与设计方法的需求日益增长，本书的出版恰恰为他们提供了足够的参考材料。

我们殷切希望本书对机电工程专业研究生、专业工程师以及混合动力汽车控制与优化专业人员有所帮助。

致谢

我们非常感谢对本书主题进行了富有成效讨论的同事们，同时也感谢 Springer 编辑人员的支持和耐心。

2015 年 8 月

西蒙娜·奥诺里（Simona Onori）

洛伦佐·塞拉奥（Lorenzo Serrao）

乔治·里佐尼（Giorgio Rizzoni）

参考文献

[1] Hybrid cars. (Online). Available http://www.hybridcars.com/history/history-of-hybrid-vehicles. html

[2] F. Matter, Review of the research program of the partnership for a new generation of vehicles: Seventh report, Washington, DC: The National Academies Press, Tech. Rep. (2001)

符号命名
Symbols

t	时间
t_0	优化时域的初始时刻
t_f	优化时域的最终时刻
$x(t)$	最优控制问题的状态变量
$\boldsymbol{x}(t)$	状态向量，$\boldsymbol{x}(t) \in R^n$
$u(t)$	最优控制问题的控制变量
$\boldsymbol{u}(t)$	控制向量，$\boldsymbol{u}(t) \in R^p$
$*$	最优解标识
a_{veh}	整车加速度
A_f	整车迎风面积
a	重心到前轴的距离
b	重心到后轴的距离
C_d	空气阻力系数
c_{roll}	滚动阻力系数
c_{rr0}	滚动阻力模型系数（常量）
c_{rr1}	依赖于速度的滚动阻力模型系数
C	电容
E_{aero}	由空气阻力造成的能量耗散
E_{batt}	电池能量
E_{kin}	动能
E_{pot}	势能
E_{pwt}	动力系统传递给车轮的能量
E_{roll}	由滚动阻力造成的能量耗散
F_{aero}	空气阻力
F_{grade}	坡道阻力
$F_{inertia}$	惯性阻力
F_{roll}	滚动阻力
F_{tarc}	车轮与路面接触处的总牵引力

g_{fd}	传动比（主减速器）
g_{fb}	传动比（从动齿轮与主动齿轮的齿数之比）
g_{tr}	变速器的传动比
$G(x,t)$	状态约束
h_{CG}	重心的高度
$H(\cdot)$	哈密顿函数
i_{tr}	齿轮位置（变速器）
I	电流
J	最优控制问题的成本函数
K_{tc}	容量系数（液力变矩器）
k	离散问题的时间指针
L	最优控制问题的瞬时成本
$\dot{m}_{elec}$	与电能使用对应的瞬时虚拟油耗
$\dot{m}_{eqv}$	瞬时等效油耗
$\dot{m}_f$	瞬时油耗（燃油质量流率）
m_f	总油耗（燃油质量）
M_{veh}	整车质量
MR	倍增比或转矩比（液力变矩器）
N	集合元素的个数
P_{acc}	二级附件的机械功率
$P_{gen,e}$	发电机的电功率
$P_{gen,m}$	发电机的机械功率
P_{eng}	内燃机产生的机械功率
P_{pto}	PTO（动力输出装置）的机械功率
P_{rep}	驾驶员的功率需求
P_{trac}	车轮处的总牵引功率
Q_{nom}	电池的额定容量
Q_{lhv}	燃油低热值
R_0	电阻
RPM	转速（单位 r/min）
SR	转速比（液力变矩器）
T_b	主动轴的转矩
T_{brake}	车轮处的制动转矩

T_c	行星架的转矩
T_{evt}	电子无级变速器（EVT）的输出转矩
T_{eng}	内燃机转矩
T_{em}	电机转矩
T_f	从动轴转矩（一般的齿轮组）
T_{gen}	发电机转矩
T_{mot}	电动机转矩
T_{pwt}	车轮处的动力系统转矩
T_p	泵（叶轮）转矩（液力变矩器）
T_r	齿圈转矩（行星排）
T_s	太阳轮转矩（行星排）
T_t	涡轮转矩（液力变矩器）
T_{trac}	车轮处的总牵引转矩
U	容许控制集
V_L	电池终端的负载电压
V_{oc}	开路电压
v_{veh}	车速
Y	累计成本函数
BMS	电池管理系统
BSFC	制动燃油消耗率
CG	重心
DP	动态规划
ICE	内燃机
PMP	庞特里亚金极小值原理
RESS	可再充式能量储存系统
SOC	电池荷电状态
α	加速踏板位置
β	制动踏板位置
δ	道路坡度
η	效率
λ	协态变量
$\boldsymbol{\mu}$	动态规划中的最优控制矩阵
v	摩擦系数
ω_b	主动轴转速（液力变矩器）

ω_c	行星架转速（行星排）
ω_{evt}	EVT 输出速度
ω_{eng}	内燃机转速
ω_{em}	电机转速
ω_b	从动轴转速（一般的齿轮组）
ω_{gen}	发电机转速
ω_{mot}	电动机转速
ω_p	泵（叶轮）转速（液力变矩器）
ω_r	齿圈转速（行星排）
ω_s	太阳轮转速（行星排）
ω_t	涡轮转速（液力变矩器）
ω_{wh}	车轮转速
Ω_x	容许状态集合
$\phi(x_f, t_f)$	最优控制问题的最终成本
π	控制策略（动态规划中）
ρ	行星齿轮传动比
ρ_{air}	空气密度
θ	温度
ς	能量状态

目 录
Contents

第1章 CHAPTER 1
绪　论

1.1　混合动力汽车的概念

混合动力汽车的推进系统装配了两种互补的能量源：一种是高容量的能量储存部件（通常是液体或气体形式的化学燃料），另一种是低容量的可充电式能量储存系统（Rechargeable Energy Storage System，RESS），RESS 可作为储能缓冲器，同时也可作为回收车辆动能或提供动力辅助的辅助元件。它的形式可以是电化学（电池或超级电容）、液压/气压（蓄能器）或机械（飞轮）等装置[1]。RESS 这种可逆的能量储存性能，要求至少安装两个能量转换器，其中至少一个还必须允许功率流的双向流动。混合动力电动汽车（Hybrid Electric Vehicle，HEV）[⊖] 是当今道路上大多数混合动力汽车的代表，通常以电化学电池作为 RESS，以电机（一个或多个）作为二次能量转换器，以碳氢化合物燃料为能量源的往复式内燃机作为一次能量转换器。燃料电池或其他类型的发动机（燃气轮机，外燃机）也可以作为一次能量转换器。

RESS 可用于再生制动，也可作为一次能量转换器的能量缓冲器，转换储存内燃机瞬时提供的大于车辆负载的功率。这种灵活的发动机管理可使发动机在更高效或更少污染的工况下长时间工作[2, 3]。混合动力源的其他优点还包括：在特定情况下（停止或低速）可以关闭发动机；由于峰值功率是发动机和 RESS 的输出功率之和，从而可以减小发动机的尺寸，例如用一个尺寸和峰值功率较小的发动机，可以使发动机以更高的平均效率运行。插电式混合动力汽车（Plug-In Hybrid Electric Vehicle，PHEV）中的电池可以通过电网充电，以提高纯电动行驶里程。实际上混合动力汽车可实现的具体功能，取决于它的驱动

⊖　如无特殊说明，下文所出现的混合动力汽车，均指代混合动力电动汽车。

系统和车辆传动系统的结构，这将在下一节讲述。

1.2 混合动力汽车的结构

传统车辆的动力传动系统由内燃机输出动力，通过变速器驱动车轮，变速器可以调节发动机与车轮之间转速比。发动机和变速器之间的干式离合器或液力变矩器，可在特定情况下将发动机从动力传输中分离，例如变速器改变速比的瞬态过程。驱动车辆行驶的所有转矩均由发动机或机械制动器产生，并且车轮处的转矩与发动机产生的转矩（正）或制动器产生的转矩（负）之间存在明确关系。

另一方面，混合动力汽车的动力系统，包含一个或多个连接发动机或车轮[4]的电机。根据图 1-1 所示的发动机和电机尺寸，可以对当今市场上的车辆进行分类[5]，具体分类方式如下：

1）传统的内燃机汽车。

2）微混型（起动 / 停止）。

3）中混型（起动 / 停止 + 动能回收 + 发动机辅助）。

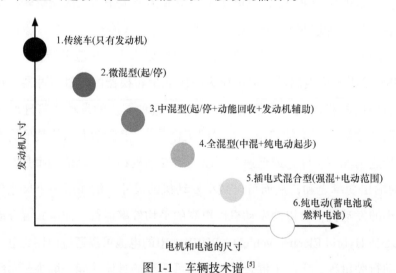

图 1-1 车辆技术谱[5]

注：从仅使用内燃机的车辆开始增加电气化的途径，通过不同的车辆混合方式，最终得到由电池或氢燃料电池驱动的纯电动汽车。

4）全混型（中混功能 + 纯电动起步）。

5）插电式混合型（强混功能 + 电动范围）。

6）纯电动汽车（蓄电池或燃料电池）。

不同类型车辆的区别和主要特征概述如下 [2, 6-8]：

1）对于传统车而言，内燃机是唯一的动力源，提供驱动汽车行驶所需要的动力。

2）起 / 停控制系统可以通过关闭和起动发动机，以减少发动机处于怠速状态的时间，从而降低燃油消耗和排放。这种解决方案对于花费大量时间等待红绿灯或经常在交通中停车的车辆大有益处。这一特点不仅仅存在于混合动力汽车中，也可能出现在非混合动力系统的汽车中。具有起 / 停控制系统的非电动车辆通常称为微混型混合动力汽车。

3）在中混型混合动力汽车中，通常发动机与一个电机耦合工作（在并联结构中通常是一个电动机 / 发电机），这使得汽车在滑行、制动或停车时可以关闭发动机。中混型混合动力汽车可以实现制动能量回收和一定程度上的发动机动力辅助，但并没有纯电动驱动模式。

4）全混型混合动力汽车具有发动机单独驱动、纯电动驱动和混合驱动三种行驶模式。在纯电动模式起步时由于只使用电池，因此需要配备较大容量的电池组。对于微混型和中混型混合动力汽车而言，通常只需要简单的启发式规则来协调发动机起 / 停功能和动力辅助功能，而在全混型混合动力汽车中，则需要通过能量管理策略来协调各个执行器，以最大限度地降低油耗，从而充分展现混合动力的优点。

5）插电式混合动力汽车是一种使用充电电池的混合动力汽车，充电式电池可以通过连接外部电源进行充电。插电式混合动力汽车具有全混型混合动力汽车和纯电动汽车的特点，既有发动机和电动机两个动力源，也有连接外部电网的接口。

6）纯电动汽车仅由车载电机驱动，电机由蓄电池（电池可通过外部电网进行充电）或氢燃料电池提供电能。

在本书中，我们聚焦于全混型混合动力汽车。在全混型混合动力汽车中，其动力系统结构和性能由各部件的数量和位置来决定。混合动力汽车体系结构可分为以下几类[8]：

1）串联型：发动机驱动发电机发电，产生的电能与来自 RESS 的电能一并通过电力总线传输到驱动车轮的电机。

2）并联型：功率总和属于机械式功率而非电功率，发动机和电机（一个或多个）通过齿轮、传动链或传送带相连，将转矩耦合后传递到车轮。

3）功率分流型：发动机和两台电机通过功率分流装置（通常是行星齿轮机构）进行连接，发动机和电机的功率可以通过机械和电气两条路径进行耦合，从而结合了串联和并联两种运行模式。

4）串联/并联型：使用一个或两个离合器的接合/分离来控制动力系统结构，在串联和并联之间进行切换，允许选择最适合于当前运行工况的结构。

串联式结构的优点是功率转换装置之间只需要进行电气连接，从而降低了车辆组装和设计方面的难度。此外，发动机与车轮没有直接连接，发动机的工作转速和负载具有可调节性，从而使发动机能够尽可能工作在高效率区域。另一方面，串联式混合动力车需要经过两次能量转换（通过发电机将机械能转换为电能，再通过电动机将电能转换为机械能），这会导致能量的二次损失，相对而言，由发动机直接通过机械连接驱动车轮的方式效率会更高。因此，在某些情况下，如在高速公路上行驶时，串联式混合动力汽车会比传统车辆会消耗更多的燃油。此外，在两个机电能量转换部件中，作为主要动力来源的部件要选择合适的尺寸，以满足车辆行驶时的最大功率需求。然而，并联式混合动力汽车则不存在这种问题；对于并联结构而言，其电机功率比串联式要小（机械功率没有全部通过电机），因此会降低制动能量回收的程度，电机尺寸非常大的情况除外。此外，由于发动机转速（通过变速器）与车速通过机械结构关联，因此不能像串联式结构那样自由地选择发动机的运行状态。功率分流式和串联/并联式结构（可以通过不同的方式实现）灵活性是最高的，与并联式相比，其发动机工作状态的选择性更自由，同时只将串联工作模式的二次能量转换应用于总功率流的一小部分，因此减少了整体的能量损耗[3, 8]。

1.3 混合动力汽车的能量分析

能量分析对于理解混合动力汽车高效运行的原理、正确设计和评估能量管理策略是十分必要的。以传统燃油车为例：发动机通过将燃料中的化学能转换为机械能，在行驶过程中产生所需的全部动力。发动机产生的机械功率可用于驱动传动系中所有部件及其附件（如转向助力装置、交流发电机、空调等），以驱动车辆行驶。根据驾驶员的输入（加速踏板和制动踏板）和驾驶条件（速度、路面等），发动机的工作状态（转速与转矩）由单个自由度决定，即变速器传动比的选择，其能量管理策略就是选择合适的传动比。相反，在混合动力汽车中，总的功率需求是由发动机（热路径或燃料路径）和蓄电池或其他能量储存设备（电气路径）的输出功率共同来满足的。每条路径产生的功率流之比，构成了额外的自由度，从而允许优化发动机的工作状态，以提高其效率和燃油经济性。此外，电机的功率是可逆的，其转矩可为负值。因此，电机可作为车辆减速装置，替代或补充机械制动。电机也可成为发电机产生电能，这些电能可以储存到电池中供后续使用。这种工作模式就是所谓的再生制动，这可以在较长的时间内大幅度提高整体效率。混合动力系统中额外的自由度，使得能量管理策略无论是在短时间内回收制动能量并保证整车动力性能和瞬时经济性，还是在长时间范围内保证 RESS 在需要时有足够的能量储备并实现燃油经济性的提高，都成为必要的研究内容。因此，考虑到整车的能量存储和更长时间跨度的瞬时功率管理，能量管理策略的需求随之出现。

能量管理策略根据瞬时约束（例如驾驶员需求的总功率输出）、全局约束（例如将 RESS 剩余能量保持在安全范围内）、全局目标（例如在行车中使燃料消耗最小化）等，在每一时刻确定发动机和 RESS 之间的功率分配。

1.4　本书大纲

　　本书的目的是基于最优控制理论工具阐述优化方法，设计混合动力汽车上层能量管理策略。第 2 章概述了可用于能量管理设计和测试的面向控制的建模思想和方法。第 3 章详述了能量管理系统在整车控制中的作用，并引入了能量管理问题。第 4 章和第 5 章分别介绍了动态规划（Dynamic Programming，DP）与庞特里亚金极小值原理（Pontryagin's Minimum Principle，PMP），两种方法都可以运用到混合动力汽车能量管理问题中，以获得理论最优解，但仅用于离线优化。在第 5 章中，给出了 DP 和 PMP 两种算法之间的关系。第 6 章描述了等效燃油消耗最小策略（Equivalent Fuel Consumption Minimization Strategy，ECMS），并讨论了其与 PMP 的等价性。第 7 章介绍了一类由 PMP/ECMS 衍生出的在线因果次优控制策略，并对 PMP/ECMS 中控制参数的自适应更新方法进行了讨论，得到了次优的可实时实施策略。最后，第 8 章提出了两个案例研究，以实例论证了建模技术在最优控制策略仿真中的应用和实现。

参考文献

[1] W. Liu, *Introduction to Hybrid Vehicle System Modeling and Control* (Wiley, Hoboken, 2013)
[2] L. Guzzella, A. Sciarretta, *Vehicle Propulsion Systems: Introduction to Modeling and Optimization* (Springer, Berlin, 2013)
[3] G. Rizzoni, H. Peng, Hybrid and electric vehicles: the role of dynamics and control. ASME Dyn. Syst. Control Mag. **1**(1), 10–17 (2013)
[4] C.C. Chan, The state of the art of electric and hybrid vehicles. Proc. IEEE **90**(2), 245–275 (2002)
[5] A.A. Pesaran, Choices and requirements of batteries for EVs, HEVs, PHEVs, in NREL/PR-5400-51474 (2011)
[6] F. An, F. Stodolsky, D. Santini, Hybrid options for light-duty vehicles, in SAE Technical Paper No. 1999-01-2929 (1999)
[7] F. An, A. Vyas, J. Anderson, D. Santini, Evaluating commercial and prototype HEVs, in SAE Technical Paper No. 2001-01-0951 (2001)
[8] J.M. Miller, *Propulsion Systems for Hybrid Vehicles* (The Institution of Electrical Engineers, London, 2003)

第2章 CHAPTER 2
混合动力汽车建模

2.1 简介

能量管理控制的目标是将车辆的燃料消耗降到最低，同时将电池的荷电状态（State of Charge，SOC）保持在期望值附近。为此，能量管理的建模有两种范畴：一种是创建对象仿真器，用于能量管理策略的测试和开发，另一种是创建嵌入式模型，用解析法或数值法来解决能量管理问题。对象仿真器往往比嵌入式控制模型更精确，但计算量较大。两种建模方法的主要目的都是为了再现传动系和车辆内部的能量流动，以便根据控制输入和道路负荷准确估计燃料消耗和电池 SOC 值。在某些应用中，可能还要考虑其他参考量，例如热流（发动机、电池、后处理等的温度变化）、电池老化、污染物排放等。

本章简要概述了与能量管理策略开发和仿真相关的建模问题。读者可以参考更详细的资料（如文献 [1]）以获取更多的相关知识。动力系统效率计算是模型建立的基础，本章所建立的模型适用于初步分析和高级能量管理开发。

2.2 能量分析建模

由于动力系统的损耗，车轮处产生的净能量小于从外部（如燃料）输入车辆的能量。当能量转化为另一种形式时（如化学能转化为机械能、机械能转化为电能等），也会发生能量转化损失。类似地，当功率流经连接装置时，摩擦损失及其他无用功会降低设备的输出功率。动力系统部件的能量损失通常使用效率 MAP 图来建模，即包含效率数据的表格，其中效率是运行状态（例如发动机的转矩和转速）的函数。效率 MAP 图是由试验测得的一组静态工作点构成的，即让部件达到一个稳定的工作状态，并在该状态下测量功率（和 / 或功率损耗）的输入和输出。由于这个过程，效率 MAP 图在瞬态过程中可能是不准确的。尽管如此，这种方法仍然得到了广泛应用，原因是它可以生成简单模型，在用计算机代码实现时能够快速地进行评估，此外，验证结果表明 [2]，这种模型的精度可以很好地估计燃油消耗和能量守恒，这是因为大部分的能量变化都是较缓慢的过程 [3]。

在指定的行驶工况下，车辆的燃油消耗量可以使用前向或后向建模方法来估计。后向建模的基础是假设车辆完全遵循规定的行驶工况，属于准静态建模方法。行驶工况被离散为小的时间间隔，每段时间间隔采用平均工作点法，即假设速度、转矩和加速度保持不变：相当于忽略车辆内部动力系统动力学特性，在选定的采样时间内取所有变量的平均值，因此时间间隔比典型的动力系统瞬态（如发动机动力学、换档）要长，且与车辆纵向动力学和行驶工况变化的数量级相同。每个动力系统部件都采用效率 MAP 图、功率损失 MAP 图或油耗 MAP 图进行建模，这些图给出了部件损耗与当前运行条件（在期望的时间间隔内取平均）之间的关系。

前向建模是基于动力系统部件的第一原理描述，并用动态方程描述其状态的演变。建模的精度取决于时间步长的选取和各部件的固有属性。在最简化的情况下，前向建模可以采用与准静态方法相同的精度，但车速的变化是依据动态仿真的结果计算的，而非事先规定。

2.3　整车能量分析

通过对整车能量分析，我们将车辆视为一个质点，研究其与外界环境的相互作用，以计算车辆在规定速度下行驶所需的功率和能量。这种高级方法有助于理解车辆纵向动力学和混合动力汽车的能量特性。

2.3.1　运动方程

若将车辆视为质点，其运动方程则可由如图 2-1 所示的力平衡来表示。

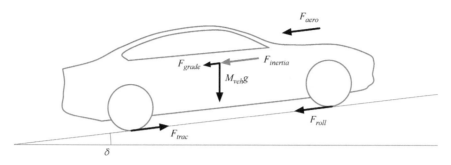

图 2-1　车辆受力图

$$M_{veh}\frac{\mathrm{d}v_{veh}}{\mathrm{d}t} = F_{inertia} = F_{trac} - F_{roll} - F_{aero} - F_{grade} \tag{2-1}$$

式中，M_{veh} 是有效车辆质量；v_{veh} 是纵向车速；$F_{inertia}$ 是惯性力；F_{trac} 是动力系统和车轮制动器产生的牵引力$^{\ominus}$，$F_{trac} = F_{pwt} - F_{brake}$；$F_{roll}$ 是滚动阻力（轮胎变形和磨损引起的摩擦力）；F_{aero} 是空气阻力；F_{grade} 是坡度阻力。

空气阻力表示为

$$F_{aero} = \frac{1}{2}\rho_{air}A_f C_d v_{veh}^2 \tag{2-2}$$

式中，ρ_{air} 是空气密度（通常情况下为 1.25kg/m³）；A_f 是汽车的迎风面积；C_d 是空气阻力系数。

滚动阻力通常用文献 [1] 中所述的模型表示

$$F_{roll} = c_{roll}(v_{veh}, p_{tire}, ...)M_{veh}g\cos\delta \tag{2-3}$$

式中，g 是重力加速度；δ 是道路坡度角（$M_{veh}g\cos\delta$ 为汽车重力沿垂直方向的分量）；c_{roll} 是滚动阻力系数，其原则上是车速、轮胎气压 p_{tire}、外界温度等的函数。

通常情况下，c_{roll} 被设为常数，或为车速的仿射函数

$$c_{roll} = c_{r0} + c_{r1}v_{veh} \tag{2-4}$$

c_{roll} 的数量级为 0.01~0.03（对于在正常路面行驶的轻型车辆），这意味着滚动阻力是车辆重量的 1%~3%（取决于车辆、地面、轮胎及轮胎压力、温度等

$\ominus$　该力为作用在各个车轮力的总和。对于单个车轮，该力可表示为作用在车轮处的净转矩除以有效轮胎半径。值得注意的是，这里轮胎半径假设等于公称半径，但在动态瞬时运动中，轮胎半径与其公称值可能有很大的不同，这一点在本书中没有考虑，有关地面 / 轮胎作用力建模的更多详细信息，请参见车辆动力学教科书（如文献 [4]）。

因素）。

坡道阻力是汽车重力沿坡道方向的分量，只有在车辆上坡（或下坡）时，才会阻碍（或促进）车辆的运动

$$F_{grade} = M_{veh}g\sin\delta \qquad (2-5)$$

这些基本方程代表了车辆建模的出发点，如果参数识别正确，则可以保证模型的精度。车辆相关参数的典型值见表 2-1。

表 2-1 车辆纵向动力学模型中相关参数的典型值

参数	小型汽车	大型汽车	运动型多功能车
M_{veh}	1200~1500kg	1700~2000kg	1900~2200kg
C_d	0.3~0.35	0.28~0.33	0.32~0.38
A_f	1.3~1.7m^2	1.8~2.2m^2	2~2.5m^2
c_{roll}	0.01~0.03	0.01~0.03	0.01~0.03

2.3.2 前向和后向建模方法

考虑到加速度（惯性力 $F_{inertia}$），式（2-1）可以等效为动力系统所产生的牵引力

$$F_{trac} = F_{pwt} - F_{brake} = F_{inertia} + F_{grade} + F_{roll} + F_{aero} \qquad (2-6)$$

式（2-1）和式（2-6）的不同形式对应于前向建模方法和后向建模方法。前向建模方法：如式（2-1），根据动力系统（包含车辆外部的阻力）产生的牵引力计算车辆加速度 $\dfrac{dv_{veh}}{dt}$，然后通过加速度的积分获取速度，再现了系统的物理因果关系。另一方面，在式（2-6）表达的后向建模方法中，假设车辆遵循规定的速度（和加速度）轨迹，力跟随速度变化，牵引力从惯性力开始计算，F_{trac} 表示动力系统必须提供的力。

在大多数仿真器中，通常选用前向建模的方法；其原理如图 2-2 所示，在混合动力汽车前向仿真模拟器中，将期望车速（来自行驶工况输入）与实际车速进行比较，使用驾驶员模型（如 PID 速度控制器[⊖]）生成制动或节气门开闭的命令，以跟踪车速轨迹。驾驶员模型发出的命令作为控制器的输入，控制器负

⊖ PID 是指偏差的比例（Proportion）、积分（Integral）、微分（Differential）的缩写。

责将执行器的设定值（发动机、电机和制动转矩）发送给其他动力系统部件，最终产生牵引力。最后，考虑道路荷载信息[5]，将牵引力作用于车辆动力学模型，其中加速度由式（2-1）决定。

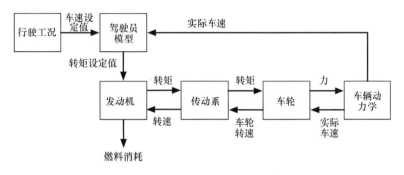

图 2-2 前向仿真器中的信息流

相反，在后向仿真器中（图 2-3）不需要使用驾驶员模型，因为期望车速是仿真器的直接输入，发动机转矩和油耗为输出。仿真器根据速度、有效载荷和道路坡度以及车辆特性确定要施加的净牵引力。基于此信息，计算出动力系统应输出的转矩，然后考虑各动力系统部件的转矩/转速特性，从而确定发动机的工作状态，最终确定燃油消耗量。

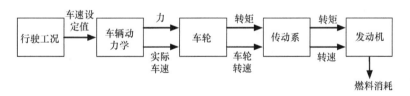

图 2-3 后向仿真器中的信息流

前向和后向仿真方法各有优缺点。燃油经济性仿真通常在预先确定的行驶工况内进行，因此使用后向仿真方法可确保不同的仿真过程都能完全跟踪行驶工况的速度曲线，从而保证仿真结果的一致性。相比之下，前向仿真由于在实际信号和期望信号之间引入了一个小误差，因此并不能完全跟踪行驶工况的速度轨迹。适当调整驾驶员模型可以减小该误差，而后向仿真则无须采取任何措施就可以将误差保持为零。另一方面，后向仿真假定车辆和动力系统能够跟踪速度轨迹，并且没有考虑在计算预定车速时动力系统执行器的限制，这就有可能导致车辆的需求功率大于动力系统所能提供的最大功率。前向仿真则不会出现这种问题，因为速度是由转矩/力输出计算出来的，由于动力系统的限制，转矩/力输出可以达到饱和。因此，前向仿真也可用于加速度测试，或测试系统在饱和状态下的工作情况。此外，前向仿真器是根据物理因果关系实现的，如果仿真模型有足够的精度，则可以用于开发在线控制策略，而后向仿真则适合于能量管理策略的初步筛选。其实这两种建模方法的优点可以结合起来，即通过后向仿真精确再现一个行驶工况，利用前向仿真获得动力系统的限制。如图 2-4 所示，该方案采用前向仿真器，其中驾驶员模型（速度控制器）采用后向车辆模型计算需求转矩：如果需求转矩没有超出动力系统饱和限制，由此得到的速度轨迹将与参考行驶工况完全匹配。因为使用的是前向动力系统模型，在需求转矩超出限制时，动力系统将达到饱和状态。此外，还应添加反馈项，以弥补由于动力系统功率饱和（或由于后向仿真和前向仿真之间的不匹配）而导致的速度偏差。

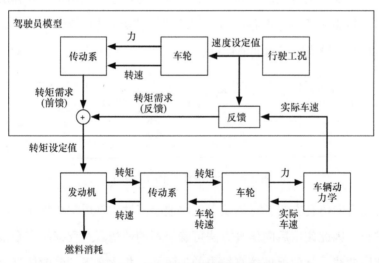

图 2-4　前 - 后向仿真器中的信息流

2.3.3　车辆能量平衡

通过分析动力系统的能量流动，可确定在哪些环节可以节省燃料，以进行燃料消耗评估。从式（2-6）可以看出，惯性力 $F_{inertia}$ 在车辆加速时为正，减速时为负；坡度阻力 F_{grade} 在车辆爬坡时为正，下坡时为负。对于前进中的车辆，滚动阻力 F_{roll} 和空气阻力 F_{aero} 总为正值。

滚动阻力 F_{roll} 和空气阻力 F_{aero} 是耗散力，因为它们总是阻碍车辆运动，而惯性力和坡度阻力是保守力，只依赖于车辆状态（分别是速度和坡度）。因此，动力系统产生的一部分牵引力增加了车辆的动能和势能（通过加速和上坡），一部分则被滚动阻力和空气阻力耗散。当车辆减速或下坡行驶时，其动能和势能必须要耗散：滚动阻力和空气阻力有助于消耗部分车辆能量，但为了迅速减速，必须使用机械制动。因此，动力系统产生的所有能量最终都以三种形式耗散，即滚动阻力、空气阻力和机械制动。汽车在两次停车之间动能的净变化量始终为零（初始速度和最终速度均为零），而势能的变化量仅取决于行程起点和终点之间的高度差。

将式（2-6）左右两端同时乘以车速（v_{veh}），得到功率平衡方程如下

$$P_{trac}=P_{inertia}+P_{grade}+P_{roll}+P_{aero} \tag{2-7}$$

其中 P_{trac} 为车轮处的牵引功率，既可以为正值也可以为负值。当动力系统驱动车辆行驶时 P_{trac} 为正值，而负的 P_{trac}（对应于减速）可以通过动力系统、制动器或两者共同获得。在传统汽车中，动力系统所能吸收的负功率十分有限，其中包括了各部件的摩擦损失和发动机的泵送损失。在混合动力汽车中，由于电机可以输出双向转矩，既可用于减速也可用于加速，因此动力系统能够吸收更多的负功率。

式中，$P_{inertia}=M_{veh}\dot{v}_{veh}v_{veh}$ 为车辆加速所需的功率（不考虑损失）；$P_{roll}=F_{roll}v_{veh}$ 和 $P_{aero}=F_{aero}v_{veh}$ 分别为克服滚动阻力和空气阻力所需的功率；$P_{grade}=F_{grade}v_{veh}$ 为克服坡度阻力所需要的功率（如果坡度是负的，表示车辆正在下坡，P_{grade} 则是加速车辆行驶的功率，当功率过大时必须加以耗散，以防加速过快）。

如果在车辆行驶期间（时间间隔 $[t_0,t_f]$ 内）对式（2-7）中的各项进行积分，则可得到如下能量平衡表达式

$$E_{trac}=\int_{t_0}^{t_f}P_{trac}\,\mathrm{d}t=E_{kin}+E_{pot}+E_{roll}+E_{aero} \tag{2-8}$$

其中各项计算如下

$$E_{kin} = \int_{t_0}^{t_f} P_{inertia}\mathrm{d}t = M_{veh}\int_{t_0}^{t_f} v_{veh}(t)\dot{v}_{veh}(t)\mathrm{d}t \qquad (\,2\text{-}9a\,)$$

$$E_{pot} = \int_{t_0}^{t_f} P_{grade}\mathrm{d}t = M_{veh}g\int_{t_0}^{t_f} v_{veh}(t)\sin\delta(t)\mathrm{d}t \qquad (\,2\text{-}9b\,)$$

$$E_{roll} = \int_{t_0}^{t_f} P_{roll}\mathrm{d}t = M_{veh}g\int_{t_0}^{t_f} c_{roll}v_{veh}(t)\cos\delta(t)\mathrm{d}t \qquad (\,2\text{-}9c\,)$$

$$E_{aero} = \int_{t_0}^{t_f} P_{aero}\mathrm{d}t = \frac{1}{2}\rho_{air}A_fC_d\int_{t_0}^{t_f} v_{veh}(t)^3\mathrm{d}t \qquad (\,2\text{-}9d\,)$$

需要注意的是，车辆惯性功率 $P_{inertia}$ 的积分是动能变化量 E_{kin}，坡度功率 P_{grade} 的积分是势能变化量 E_{pot}。每个能量项均为两项的乘积：一项表示与行驶工况无关的车辆参数（质量、阻力系数），另一项表示与车辆特性无关的行驶工况信息，为速度 $v_{veh}(t)$ 的函数[⊖]。

滚动阻力、空气阻力和制动能量的相对值决定了行驶工况的特性。此外，再生制动可回收的能量等于需要耗散的动能和势能减去滚动阻力和空气阻力耗散的能量。因此，与速度近似恒定且空气阻力较大的高速工况相比，频繁加/减速的低速（阻力较低）城市工况具有更大的能量回收潜力。

为了更好地理解这个概念，有必要分别研究加速（$\dot{v}_{veh}\geqslant0$）和减速（$\dot{v}_{veh}<0$）时的能量平衡，即通过对行驶工况的不同部分求和来计算上述积分。用上标"+"来表示 $\dot{v}_{veh}\geqslant0$ 时的瞬时能量，用上标"-"来表示 $\dot{v}_{veh}<0$ 时的瞬时能量（即根据 $\dot{v}_{veh}$ 的正负将积分式（2-9a，2-9b，2-9c，2-9d）划分为两个部分）。两种情况下的动能大小相等，但符号相反

$$E_{kin}^- = -E_{kin}^+ \qquad (\,2\text{-}10\,)$$

因为整个循环中动能的净变化量为零，且当 $\dot{v}_{veh}>0$ 时动能变化量为正，当 $\dot{v}_{veh}<0$ 时动能变化量为负。

因此，动力系统在加速过程中必须提供的能量为

$$E_{pwt}^+ = E_{roll}^+ + E_{aero}^+ + E_{pot}^+ + E_{kin}^+ \qquad (\,2\text{-}11\,)$$

⊖ 由滚动阻力得到的 E_{roll} 是一个例外，因为滚动阻力系数 c_{roll} 通常取决于车速以及车辆和轮胎的特性。

也就是说，动力系统提供的能量用于加速车辆（使车辆动能 E_{kin}^+ 增加）、增加车辆的势能 E_{pot}^+ 以及克服耗散阻力（E_{roll}^+ 和 E_{aero}^+）。然而，在整个行驶过程中（车辆从静止状态起动到最后停止），动能的净变化量为零。因此，在加速过程中产生的动能 E_{kin}^+ 必须在减速过程中被完全耗散。

当车辆减速时，需要耗散掉加速时积累的所有能量。耗散阻力（滚动阻力和空气阻力）对此是有帮助的，因为它们总是趋向于降低车速。然而，在减速过程中需要耗散的动能可能大于滚动阻力和空气阻力所能消耗的能量。在这种情况下，车辆必须使用额外的执行器使车辆减速，比如使用机械制动器，如果是混合动力汽车，也可以使用电机制动来回收（部分）动能。可用于回收的能量 $E_{regen,pot}$ 等于车辆在加速过程中产生的总能量（动能和势能），减去减速过程中的损耗（滚动阻力和空气阻力）与增加的势能（E_{pot}^-）⊖

$$E_{regen,pot} = E_{kin}^+ + E_{pot}^+ - E_{roll}^- - E_{aero}^- - E_{pot}^- \tag{2-12}$$

如图 2-5 所示，以图形的方式详细展示了其中的关系：从左到右，减去能量损失，以计算每个阶段剩下的能量。

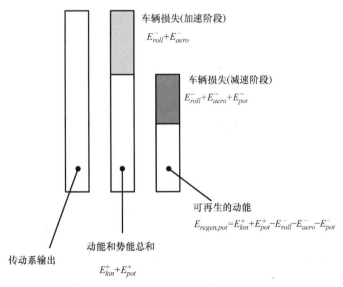

图 2-5　车辆能量平衡（条长代表能量）

⊖　换句话说，如果车辆因爬坡而减速，它的部分动能就会因克服重力而损失；另一方面，下坡时，重力会增加再生的能量。

2.3.4 行驶工况

如前一节所述，混合动力汽车的优势取决于车辆的使用方式。混合动力的优势本质上在于制动能量回收（回收制动过程所消耗的势能和动能），并使发动机在效率最高的区域运行。显而易见，如果发动机具有恒定的效率且车辆在平坦的道路上以恒定的速度行驶，那么混合动力汽车将没有任何优势。

行驶工况代表了车辆在行驶过程中的驾驶方式和道路特性。在最简单的情况下，行驶工况可定义为速度（加速度）与道路坡度的时程信息，结合车辆特性，行驶工况可以确定道路载荷，即车辆在行驶过程中与道路的相互作用力。

如第 2.3.3 节所述，能量平衡公式中的每一项都是行驶工况（速度、加速度、坡度）和车辆参数（质量、迎风面积、空气阻力系数和滚动阻力）的函数。因此，车辆的燃油消耗量必须始终参照特定的行驶工况来确定。另一方面，给定一个行驶工况，道路载荷的绝对值与部件尺寸的大小取决于整车参数。

为了评估市场上所有车辆的排放量和燃料消耗量，并为它们之间的比较提供可靠的依据，有必要采用一种标准方法来减少行驶工况类型的数量：任何售出的车辆都必须按照标准工况中的一个或多个进行测试，不同国家地区的标准工况可以有所不同。

标准行驶工况的示例如图 2-6 所示，其中还包括基本的能量分析比较。

设计这些行驶工况旨在代表城市和郊区的工况特性。Japan 10-15 工况和欧洲的 NEDC 工况是合成工况，其他工况则是实际道路上车速的检测值。然而，除了 US 06 工况，现有行驶工况的加速度值远远低于现代汽车所具有的加速能力，因此油耗结果通常是非常乐观的，无法再现真实的驾驶条件。

这些调整的行驶工况应被作为一种标准的对比工具，而不是作为实际操作条件的代表。事实上，因为不同车辆有不同的用途，不同司机有各自的驾驶风格，所以无法预测车辆的行驶。为了更真实地估计某一特定车辆的真实油耗，汽车制造商可以开发自己的测试工况。

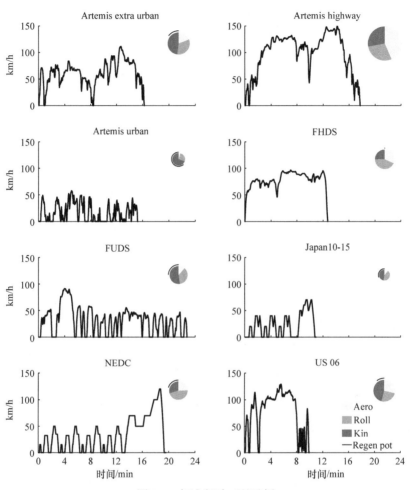

图 2-6　标准行驶工况示例

注：饼状图展示了 E_{kin}^+，E_{aero}^+，E_{roll}^+ 的相对比例，以及根据式（2-12）确定的可回收动能的比例，
饼状图与式（2-11）定义的总工况能量 E_{pwt}^+ 成比例，能量由表 8-1 所示的车辆参数计算获得。

2.4　动力系统部件

本节介绍了适用于能量流建模的主要动力系统部件模型，各部件的动态特性对模型的影响不在本书的讨论范围之内，其具体内容可参考其他相关文献。

2.4.1　内燃机

为了增加复杂性，以下建模方法可用于内燃机建模：

1）静态 MAP 图。

2）静态 MAP 图和集总参数动力学模型。

3）均值模型。

4）一维流体动力学模型。

5）三维流体动力学模型（有限元）。

后两种方法适用于发动机子系统的详细研究，而前三种方法适用于将发动机视为复合系统（动力系统或车辆）一部分的多模型研究，也可以用于能量管理仿真器（MAP 图模型）或动力系统控制策略（集总参数动力学 MAP 图或均值模型）。

静态 MAP 图方法假设发动机是一个完美的执行器，即可以瞬时响应指令；假设发动机转速和转矩都是已知的，则燃油消耗可以通过 MAP 图（表）中其与转速转矩的函数关系计算得出。特别地，转矩通常作为发动机的控制输入，而由动力系统其余部件耦合得到的转速作为测量输入。静态 MAP 图模型中还存在发动机外特性曲线，该曲线给出了作为当前转速下的最大可输出转矩，以确保发动机转矩不会超过极限。如图 2-7 所示为典型的发动机 MAP 图信息，包含了燃油消耗或等值效率曲线、最大转矩曲线和最优运行曲线

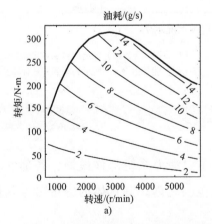
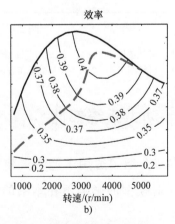

图 2-7　发动机油耗 MAP 图与效率 MAP 图示例（虚线为最优运行曲线）

（Optimal Operation Line，OOL），其中 OOL 即为给定输出功率下，最大效率对应的转矩和转速的组合。OOL 通常用于设计启发式能量管理策略，作为发动机的期望工作点。

通过修改基于 MAP 图的模型，可实现对最大输出转矩的动态限制，即可将期望转矩和实际转矩间的延迟，耦合到表征空气 / 燃料动力学的传递函数中，或耦合到表征曲轴动力学的转动惯量中。

2.4.2　液力变矩器

液力变矩器是一种将动力从发动机传递到变速器输入轴的液力耦合装置，如图 2-8 所示。它能够实现发动机转矩的倍增（相当于减速齿轮），与其他大多数机械连接装置不同的是，该转置能够提供极高的阻尼容量，因为所有转矩都是通过流体动力而不是摩擦力或压力传递的。由于变矩器允许两个轴有很大的转速差，可以使输入转矩成倍增加，因此常用于装有自动变速器的车辆上。

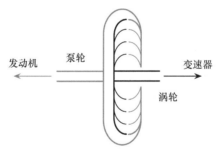

图 2-8　液力变矩器示意图

液力变矩器由三个同轴元件组成：与发动机轴相连的泵轮（也称为叶轮），与变速器相连的涡轮，以及位于中间的导轮。发动机带动泵轮旋转使变矩器中的液体流动，拖动涡轮，从而将转矩传递到变速器。导轮的存在改变了变矩器内液体的流动特性，使得涡轮的转矩相对于泵轮转矩（即发动机转矩）成倍增加。随着泵轮和涡轮之间的转速差增大，转矩倍增比也在增加；在稳定状态下，两个元件以相同的速度旋转，转矩倍增比为 1。

液力变矩器模型是基于转矩比和容量系数与转速比的表格特征建立的。其

中转速比为

$$SR = \frac{\omega_t}{\omega_p} \qquad (2\text{-}13)$$

式中，ω_t 是涡轮转速；ω_p 是泵轮转速。

转矩比或倍增比为

$$MR = \frac{T_t}{T_p} \qquad (2\text{-}14)$$

式中，T_t 是涡轮转矩；T_p 是泵轮转矩。

容量系数是衡量变矩器能传输多少转矩的指标，被定义为

$$K_{tc} = \frac{\omega_p}{\sqrt{T_p}} \qquad (2\text{-}15)$$

作为容量系数的另一种表达，有时用 2000r/min（MP_{2000}）下的转矩来表征转矩容量；它与容量系数有如下关系

$$MP_{2000} = \frac{2000^2}{K_{tc}^2} \qquad (2\text{-}16)$$

其中 K_{tc} 必须以 $(r/min)/\sqrt{N \cdot m}$ 为单位。

液力变矩器的特性曲线如图 2-9 所示。可以用基于曲线拟合的分析模型，即 Kotwicki 模型[6] 来代替 MAP 图。

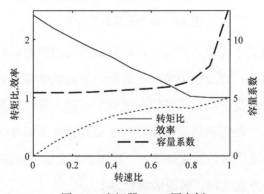

图 2-9　变矩器 MAP 图实例

2.4.3 传动比和机械变速器

齿轮组是纯机械部件,在不改变功率流的情况下,不需施加控制就能改变主动轴与从动轴间传递的转速和转矩。然而,在实际应用中,由于存在摩擦损失,输出功率相对于输入功率会有所减小。

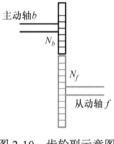

最简单的齿轮传动模型仅考虑转速和转矩比,而不考虑摩擦损失。用下标 b 和 f 表示主动轴和从动轴(图 2-10);用 $g_{fb} = N_b/N_f$ 表示传动比(N 是每个齿轮的齿数),则无损耗齿轮模型可表达为

$$\begin{cases} \omega_f = g_{fb}\omega_b \\ T_f = \dfrac{1}{g_{fb}}T_b \end{cases} \qquad (2\text{-}17)$$

图 2-10 齿轮副示意图

为了进行能量分析和更准确的预测,引入考虑功率损耗的有损耗齿轮模型。鉴于由运动学约束给出的转速比是固定的,故其转速方程与无损耗齿轮模型中的一致,而功率损耗意味着输出轴的转矩减小,用齿轮效率 η_{fb} 来描述

$$T_f = \begin{cases} \dfrac{\eta_{fb}}{g_{fb}}T_b & P_b T_b \omega_b \geq 0 \\ \dfrac{1}{\eta_{fb}g_{fb}}T_b & P_b T_b \omega_b < 0 \end{cases} \qquad (2\text{-}18)$$

按照惯例,由输入轴到输出轴方向的功率流为正,即当 b 为输入轴时,功率损失始终为正,计算如下

$$P_{loss} = \begin{cases} \omega_b T_b(1-\eta_{fb}) & P_b = T_b\omega_b \geq 0 \\ \omega_f T_f(1-\eta_{fb}) & P_b = T_b\omega_b < 0 \end{cases} \qquad (2\text{-}19)$$

从功能上来讲,变速器是一种传动比(以及其他潜在特性,如效率)可以动态变化的传动装置。最简单的变速器模型可由一个可变传动比的有损耗齿轮副组成;其效率可以假设为定值或者可随传动比、转速和输入转矩变化。该模型涵盖了手动变速器和自动变速器共有的基本功能,并可应用于这两种场景。具有多自由度的完整传动模型(考虑所有齿轮、联轴器和执行器)更适用于驾

驶性能的研究。

2.4.4 行星齿轮组

行星齿轮组由三个旋转元件（太阳轮、行星架和齿圈）组成，中间由内齿轮（行星齿轮）连接；固定三个轴中的一个可以得到其余两个部件间的确定传动比。由于行星齿轮组具有紧凑的结构和平稳的传动过渡，常被用于传统的自动变速器。它们通常存在于混合动力汽车中，通过将发动机和两个电机连接到齿轮组的三个轴来实现电子无级变速（Electrically Variable Transmissions，EVT）。行星齿轮组的示意图如图 2-11 所示。

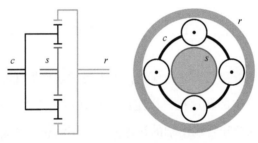

图 2-11　行星齿轮组示意图

行星架的切向速度（位于行星轮的中心，即在太阳轮和齿圈之间的半径处）是太阳轮和齿圈速度的平均值。用下标 s、r 和 c 来表示太阳轮、齿圈和行星架轴，则运动约束表达如下

$$\omega_c(N_r + N_s) = (\omega_r N_r + \omega_s N_s) \tag{2-20}$$

式中，N_r 和 N_s 分别是齿圈和太阳轮的齿数。用齿数而不是半径来表示这种关系的原因在于，在给定的齿轮组中，每个齿轮的齿数 N 与相应的齿轮半径成正比。

引入行星齿轮传动比 $\rho = N_s/N_r$（太阳轮齿数与齿圈齿数之比），可将运动关系式（2-20）简化为

$$(1 + \rho)\omega_c = \rho\omega_s + \omega_r \tag{2-21}$$

在稳定状态下，行星架处的转矩在太阳轮和齿圈之间是平均分配的；对行星轮进行力平衡分析（图 2-12），

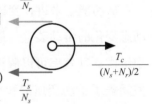

图 2-12　行星齿轮组上的力矩平衡

可得以下转矩方程

$$\frac{T_c}{(N_r + N_s)} = \frac{T_r}{N_r} \qquad (2\text{-}22a)$$

$$\frac{T_c}{(N_r + N_s)} = \frac{T_s}{N_s} \qquad (2\text{-}22b)$$

式中，同样用齿轮齿数取代半径。引入行星齿轮比 $\rho = N_s/N_r$，平衡方程则变换
为

$$T_c = (1 + \rho)T_r \qquad (2\text{-}23a)$$

$$T_s = \rho T_r \qquad (2\text{-}23b)$$

式（2-21）和式（2-23a，2-23b）是行星齿轮组建模的基础。转矩方程
（2-23a），2-23b）仅在稳态且忽略损耗的条件下有效，但在整车级模型中已具
有足够的精度。

2.4.5　车轮、制动器和轮胎

车轮是动力系统与外部环境之间的联系纽带。车轮模型考虑了车轮的运
动和制动的作用，并计算了轮胎与路面之间的作用力。牵引力是根据动力系
统转矩、制动信号和车轮上的垂直载荷计算得到的。准静态轮胎模型通常可
满足纵向动力学的建模要求，而动态轮胎模型（参见文献 [4]）通常用于车辆
横向动力学模型（操纵模型）。

静态轮胎模型可以定义为理想的滚动模型，该模型忽略了轮胎变形，认为
轮胎和道路之间为纯滚动运动，施加到车轮轴的转矩能够完全转变为牵引力。
这些假设适用于在附着力良好的道路（干沥青）上进行正常驾驶（非极端加
速）的情况。低附着力道路或极端驾驶需要更准确的轮胎模型，以预测车辆行
为方面的速度动态。

制动器可以建模为一个附加转矩，减小作用在轮胎上的净转矩。制动转矩
与制动输入信号成比例。因此，作用在车轮上的净牵引力为

$$F_{trac} = \frac{1}{R_{wh}}(T_{pwt} - T_{brake}) \qquad (2\text{-}24)$$

式中，T_{pwt} 是传动系统在轮轴处产生的转矩；T_{brake} 是制动转矩；R_{wh} 是车轮半径。

车轮转速为

$$\omega_{wh} = \frac{v_{veh}}{R_{wh}} \qquad (2\text{-}25)$$

式中，v_{veh} 是车辆纵向速度。

车辆纵向驱动力会受到作用在车轮上的垂直载荷的限制

$$-F_z v_{x,\max} \leqslant F_{trac} \leqslant F_z v_{x,\max} \qquad (2\text{-}26)$$

式中，F_z 是车轮上的垂直力；$v_{x,\max}$ 是道路 / 轮胎摩擦系数的峰值（轮胎与干沥青之间通常为 0.8~0.9）。

为了保持车辆的稳定和制动效率的最大化，制动力必须根据作用在前后轮轴的法向载荷进行前后分配，同时还应考虑由减速导致的纵向载荷传递。由式（2-1）可知，制动期间的总牵引力为

$$F_{trac} = M_{veh}\dot{v}_{veh} + F_{roll} + F_{aero} + F_{grade} \qquad (2\text{-}27)$$

该力应在前后轮轴（f 和 r）之间按照垂直载荷的比例进行分配，即

$$\frac{F_{trac,f}}{F_{trac}} = \frac{b}{a+b} - \frac{M_{veh}\dot{v}_{veh}h_{CG}}{M_{veh}g(a+b)} \qquad (2\text{-}28)$$

$$\frac{F_{trac,r}}{F_{trac}} = \frac{a}{a+b} + \frac{M_{veh}\dot{v}_{veh}h_{CG}}{M_{veh}g(a+b)} \qquad (2\text{-}29)$$

式中，a 和 b 分别是重心（Center of Gravity，CG）到前轴和后轴的距离；h_{CG} 是重心离地面的高度。含有加速度 $\dot{v}_{veh}$ 的项表示减速时（$\dot{v}_{veh}$ 为负）从后轴到前轴的动荷载传递，加速时从后轴到前轴的动荷载传递方向相反。在大多数乘用车中，动力系统仅仅在两个车轴中的一个轴上产生转矩。在这种情况下，再生制动只能应用于该轴，并且必须通过另一轴上的常规制动进行适当平衡。从能量管理的角度来看，这意味着并非所有的制动转矩都可以再生，而是只能再生施加在牵引轴上的制动转矩，即用于前轮驱动的式（2-28）或用于后轮驱动的式（2-29）。

2.4.6　电机

电机可以采用与发动机类似的方法建模，即基于转矩和效率 MAP 图。所需的电机功率或转矩值可用作控制输入。转子惯量是建模中主要的动力学元素，因为与惯性动态或发动机动态相比，电的动态响应非常快。

轴上的转矩和电功率之间的关系由效率 MAP 图提供，该 MAP 图可以表示为转速和转矩或转速和电机功率的函数（取决于实施方式）。

效率 MAP 图也可以包含主电力总线与机械之间动力电子设备的效率，以直接提供与电池交换的电功率；否则，在电机和电池之间的模型中应该包含一个明确的电力电子设备效率。

该效率模型可以表述为

$$P_{mech} = \omega_{em} T_{em} = \begin{cases} \eta_{em}(\omega_{em}, P_{elec})P_{elec} & P_{elec} \geq 0 \text{（驱动模式）} \\ \dfrac{1}{\eta_{em}(\omega_{em}, P_{elec})} P_{elec} & P_{elec} < 0 \text{（发电模式）} \end{cases} \quad (2\text{-}30)$$

如果电机功率是期望的输出，则为

$$P_{elec} = \begin{cases} \dfrac{1}{\eta_{em}(\omega_{em}, T_{em})} P_{mech} = \dfrac{1}{\eta_{em}(\omega_{em}, T_{em})} \omega_{em} T_{em} & P_{elec} \geq 0 \text{（驱动模式）} \\ \eta_{em}(\omega_{em}, T_{em}) P_{mech} = \eta_{em}(\omega_{em}, T_{em}) \omega_{em} T_{em} & P_{elec} < 0 \text{（发电模式）} \end{cases} \quad (2\text{-}31)$$

如图 2-13 所示，为电机效率 MAP 图的一个示例。

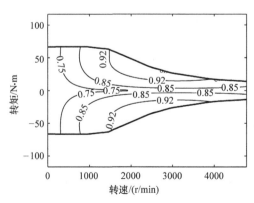

图 2-13　电机效率 MAP 图示例（数据来源于文献 [7]）

2.4.7 电池

电池、电容等电化学能量储存系统是混合动力汽车的关键部件。目前已经提出了各种模型来评估它们与动力系统中其余部件的相互作用[8]。

在混合动力汽车中，电池动力学精确建模是关键的研究内容，由于表征电池状态的主要变量，即荷电状态、电压、电流和温度，以高度非线性的方式相互动态关联。通常，车辆仿真器中电池模型的目标是预测给定电气负载下电池荷电状态的变化。

荷电状态被定义为电池中当前存储的电荷量与总电荷容量的比值

$$SOC(t) = \frac{Q(t)}{Q_{nom}} \qquad (2-32)$$

式中，Q_{nom} 是标称电荷容量；$Q(t)$ 是当前存储的电荷量。

SOC 的动态由下式给出

$$\dot{SOC}(t) = \begin{cases} -\dfrac{1}{\eta_{coul}} \dfrac{I(t)}{Q_{nom}} & I(t) > 0 \\[3mm] -\eta_{coul} \dfrac{I(t)}{Q_{nom}} & I(t) < 0 \end{cases} \qquad (2-33)$$

式中，I 是电池电流（放电过程为正）；η_{coul} 是库仑效率[1]或充电效率，解释了电荷损耗，其值取决于当前的工作条件（主要是电流强度和温度）。

如果容量被假定为一个恒定的已知参数，通过对式（2-33）进行积分计算荷电状态（更恰当地说，计算电荷的变化）相对简单。实际上，电池容量和库仑效率会随着某些参数变化而发生改变，而且积分运算只有在没有测量误差和噪声的情况下才可靠，这使得可靠的荷电状态估计成为实际电池管理系统（Battery Management System，BMS）的重要研究内容[8]。

为了将电池的电流和电压与动力系统其余部件的功率相关联，可以使用电池的电路模型。

简单的动态模型类似于如图 2-14 所示的电路，图中给出的为二阶近似模型。

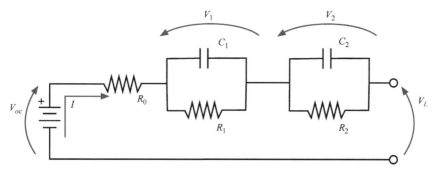

图 2-14　电池等效电路模型（二阶）

串联电阻 R_0 表示由于电线和电极间的实际电阻以及降低终端可用净功率的耗散现象产生的欧姆损耗。电阻 R_1、R_2 和电容 C_1、C_2 用于模拟电池的动态响应。参数值通常由试验数据进行曲线拟合来估计，其值一般会随运行条件的变化（如温度、荷电状态、电流方向等）而变化。根据所需的模型精度，可以使用串联不同数量 R-C 分支的其他同类型模型。但是，需要辨识的参数数量会随模型阶次的增加而增加。通常，如果可以忽略电压的动态特性，例如在只考虑效率的准静态模型中，也可以使用没有任何 R-C 分支的简单模型，如图 2-15 所示。当没有电池测试的详细数据时，具有单个恒定 R_0 的电路模型可能是唯一的选择。

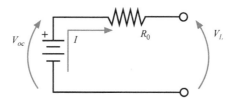

图 2-15　电池电路模型（无动态响应）

如图 2-14 所示，电路方程式为

$$V_L = V_{oc} - R_0 I - \sum_{i=1}^{n} V_i \tag{2-34}$$

$$C_i \frac{\mathrm{d}V_i}{\mathrm{d}t} = I - \frac{V_i}{R_i} \tag{2-35}$$

式中，V_L 是电池端口负载电压；V_{oc} 是开路电压，即电池未连接任何负载时的电压

（$I=0$）；R_0 是串联电阻；V_i 是第 i 个 R-C 分支上的电压（由电阻 R_i 和电容 C_i 表征）；n 是所考虑的动态模型的阶数，即 R-C 分支的数量（在示例中，$n=2$）。

电容 C_i 和电阻 R_i 可以随着电流的方向（充电或放电）、幅值以及其他工况（例如温度和荷电状态）的变化而变化。可以通过将参数表示为 MAP 图（表）而不是常量来考虑这种变化。

如果忽略电压动态并且电池电路没有 R-C 分支，如图 2-15 所示，则电路方程很容易写成功率 P_{batt} 的函数

$$P_{batt} = V_L I = V_{oc} I - R_0 I^2 \tag{2-36}$$

从而电流幂函数的显式表达式为

$$I = \frac{V_{oc}}{2R_0} \sqrt{(\frac{V_{oc}}{2R_0})^2 - \frac{P_{batt}}{R_0}} \tag{2-37}$$

如图 2-14 和图 2-15 所示，其中的电路及相应的公式涉及整个电池组。电池组通常由大量电池单体串联构成，也可能由多个并联的模组组成。电路模型的电参数为整个组件的参数，可由电池单体的参数进行计算

$$V_{oc} = N_S V_{oc,cell} \tag{2-38}$$

$$R_i = \frac{N_S}{N_P} R_{i,cell}, \qquad i = 0, \cdots, n \tag{2-39}$$

$$C_i = \frac{N_P}{N_S} C_{i,cell}, \qquad i = 0, \cdots, n \tag{2-40}$$

式中，N_S 是模组中串联的单体电池数；N_P 是并联的模组数 $^\ominus$。

开路电压 V_{oc} 是电池的一个典型特性（更恰当地说，是组成电池组单体的典型特性），主要是关于荷电状态的函数。如图 2-16 所示为单个锂离子电池开路电压 V_{oc} 随荷电状态变化的一个示例。图中还给出了该单体的内阻。电池的电流通常用充放电倍率（C-rate）来表示，即作为电池容量的一部分（以 Ah 表示）：例如，如果容量为 6.5Ah，则 1C 的电流对应于 6.5A，10C 对应 65A，0.1C 对应 0.65A。电池的稳态特性（图 2-16）通常是使用 1C 的电流获得的。

$\ominus$ 式（2-38）~式（2-40）的简化是基于理想电池单体的假设，即认为所有单体都是相同的。实际上，由于制造问题和操作过程中的正常失衡，每个单体的特性可能有稍微的不同。

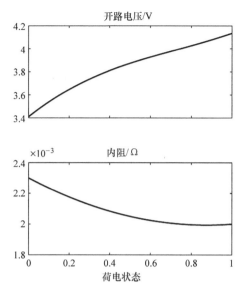

图 2-16　锂离子电池单体开路电压和内阻的典型特性

注：电池原型为由层状氧化物阴极和尖晶石氧化物阳极构成的囊型锂离子电池，数据由俄亥俄州立大学汽车研究实验中心的试验获得。

显然，对电流积分足以计算荷电状态；然而在实际应用中，这种方法既不稳定（对于数值漂移）也不准确（对于近似建模）；因此，在给定可测量的端电压和电流情况下，可使用更复杂的 *SOC* 估算算法估计电池的荷电状态。

在混合动力汽车中，与电池使用相关的另外一个重要问题是电池老化，这是由于电池长期经受冲击性负载循环造成的。电池老化表现为容量损失和内阻增加，并且可能降低车辆性能；最近正在进行的研究致力于确定一个合适的模型，以预测给定负载循环下的剩余寿命[9-13]。

电池老化不会在短期内影响电池性能，只会在很长一段时间内显现，其时间超过了动力传动系统 / 车辆仿真的时间长度；因此，在本研究中没有考虑其动态效应。

2.4.8　发动机附件和附加负载

发动机为多个辅助设备提供动力，如空调、动力转向系统、小负荷交流发电机等。因为缺少所有组件的详细数据和负载循环，故附加负载通常使用简化的建模方法，将净功率以负载循环的形式作为输入，使用查表法、曲线拟合或恒定值（取决于具体情况）计算效率，将转矩计算为功率与转速的比值。

附加负载在专用重型车辆中尤为重要，在乘用车中同样如此。例如，紧凑型轿车中空调系统的功率需求可高达发动机最大功率的 10%。由于车辆中存在多种可能的附加负载，因此不能一概而论地进行第一原理建模，必须针对特定应用进行推导。为此，通常的方法是假设一条已知的转矩或功率曲线，该转矩或功率曲线是由发动机轴上的辅助负载（如果它们是机械驱动的）或总线接口处的电力（如果它们是电动的）产生的，而不是对附件进行详细建模。多数情况下，特别是对于乘用车而言，常使用一个估计的平均值来代替，即假定辅助载荷在整个行驶周期内是恒定的，其数量级为 1~4kW。

参考文献

[1] L. Guzzella, A. Sciarretta, *Vehicle Propulsion Systems: Introduction to Modeling and Optimization* (Springer, Berlin, 2013)

[2] L. Serrao, C. Hubert, G. Rizzoni, Dynamic modeling of heavy-duty hybrid electric vehicles, in *Proceedings of the 2007 ASME International Mechanical Engineering Congress and Exposition* (2007)

[3] P. Sendur, J.L. Stein, H. Peng, L. Louca, An algorithm for the selection of physical system model order based on desired state accuracy and computational efficiency, in *Proceedings of the 2003 ASME International Mechanical Engineering Congress and Exposition*. Washington, DC, USA (2003)

[4] H.B. Pacejka, *Tire and Vehicle Dynamics* (Butterworth-Heinemann, Oxford, 2012)

[5] P. Pisu, C. Cantemir, N. Dembski, G. Rizzoni, L. Serrao, J. Josephson, J. Russell, Evaluation of powertrain solutions for future tactical truck vehicle systems, in *Proceedings of SPIE*, vol. 6228 (2006)

[6] A.J. Kotwicki, Dynamic models for torque converter equipped vehicles. SAE Technical Paper No. 820393 (1982)

[7] T.A. Burress, S.L. Campbell, C.L. Coomer, C.W. Ayers, A.A. Wereszczak, J.P. Cunningham, L.D. Marlino, L.E. Seiber, H.T. Lin, Evaluation of the 2010 Toyota Prius hybrid synergy drive system. Technical report, Oak Ridge National Laboratory (2011)

[8] C.D. Rahn, C.-Y. Wang, *Battery Systems Engineering* (Wiley, Oxford, 2013)

[9] S. Drouilhet, B. Johnson, A battery life prediction method for hybrid power applications, in *Proceedings of the 35th AIAA Aerospace Sciences Meeting and Exhibit*, Reno, NV (1997)

[10] L. Serrao, Z. Chehab, Y. Guezennec, G. Rizzoni, An aging model of Ni-MH batteries for hybrid electric vehicles, in *Proceedings of the 2005 IEEE Vehicle Power and Propulsion Conference (VPP05)* (2005), pp. 78–85

[11] Z. Chehab, L. Serrao, Y. Guezennec, G. Rizzoni, Aging characterization of Nickel—Metal Hydride batteries using electrochemical impedance spectroscopy, in *Proceedings of the 2006 ASME International Mechanical Engineering Congress and Exposition* (2006)

[12] M. Dubarry, V. Svoboda, R. Hwu, B. Liaw, Capacity and power fading mechanism identification from a commercial cell evaluation. J. Power Sources **165**(2), 566–572 (2007)

[13] M. Dubarry, V. Svoboda, R. Hwu, B. Liaw, Capacity loss in rechargeable lithium cells during cycle life testing: the importance of determining state-of-charge. J. Power Sources **174**(2), 1121–1125 (2007)

第3章 CHAPTER 3
混合动力汽车中的能量管理问题

3.1 简介

混合动力汽车的能量管理是指在满足多个约束条件的情况下，由车载能量源决定每一时刻的能量传递量。本章介绍了能量管理控制器的作用和主要特点，并应用最优控制理论对控制器的设计问题进行了形式化阐述。

3.2 混合动力汽车的能量管理

混合动力汽车的控制问题基本包括两层控制任务。一种是底层控制，也称为部件层控制，一般使用经典的反馈控制方法对动力系统中每一个部件进行相应控制。第二个任务是上层控制，也称为监督层控制，负责优化车辆中的能量流，同时将电池的荷电状态维持在一定的范围内。后者也被称作能量管理系统（Energy Management System, EMS），用于接收和处理来自于车辆（发动机、电机和变速器的转速）和驾驶员（车速、加速度和转向角）的信息，同时将最优设定值传输至底层的执行器。此外，EMS还能选择动力系统的最佳工作模式，包括起/停模式、功率分流模式和纯电动起步模式。混合动力汽车的双层控制架构如图3-1所示。

混合动力汽车在燃油经济性方面可实现的改善空间，从轻度混合的10%到重度混合的30%以上不等[1]。这样的节能潜力只能通过复杂的控制系统对车辆中的能量流优化来实现。人们已经认识到，采用基于系统模型的优化方法，利用有意义的目标函数来改进能量管理控制器，将有助于在设计车辆能量管理系统时获得接近最优的结果。

本书介绍了几种基于模型的混合动力汽车能量管理优化技术。

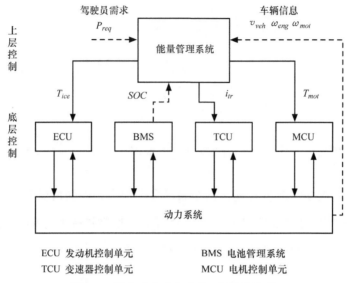

图 3-1　混合动力汽车中的双层控制架构

注：EMS 将来自驾驶任务和动力系统部件的信息进行解析，以生成执行机构设置点，即一次和
　　二次能源之间的最优功率分配（上层控制）。然后采用传统的闭环控制方法对单个动力系统
　　部件进行控制（底层控制）。

在传统（非混合动力）车辆中，不需要制定能量管理策略：驾驶员通过制动踏板和加速踏板就可以决定需要传递的瞬时功率，在手动变速器车辆中，则还需在每一时刻对档位进行选择。驾驶员的意图能够直接转化为底层控制的控制行为，例如在给定需求转矩的情况下，发动机控制单元（Engine Control Unit, ECU）能够决定当前的燃油喷射量；变速器控制单元（Transmission Control Unit, TCU）中的自动变速器控制器可以根据当前发动机的工作情况和车辆速度等来决定换档时刻。

然而，在混合动力汽车中，需要制定一个额外的决策：每一个车载能量源应该传递多少功率？这也是所有混合动力汽车都需配备能量管理控制器的原因，以进行驾驶员和部件控制器之间的协调。如前所述，能量管理系统的目的是确定车载能量源间的最优功率分配。最优控制决策取决于具体的应用：大多数情况下，以燃油消耗量最小为控制目标，但也可以是污染物排放量最小、电池寿命最长，或者是上述几个控制目标的结合。

能量管理系统在混合动力汽车中起到的作用如图 3-2 所示。控制结构外层是速度控制，即真实车辆中的人类驾驶员和仿真中的驾驶员模型（常用是 PI 控制器）。为了使实际车速跟随参考车速，车速控制器决定着动力系统必须提供的总的功率需求 P_{rep}。控制结构内层是能量管理系统，用来决定如何将总的功率需求分配到不同的车载能量源上：可充电的能量储存系统和发动机。在设计能量管理策略时，我们可以只将电池的荷电状态看作系统的状态变量，车速可以被忽略，因为车速一般由驾驶员直接控制。

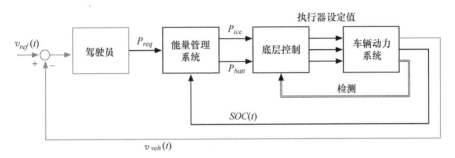

图 3-2   能量管理系统在混合动力汽车控制中的作用

3.3   能量管理策略分类

根据文献中所涉及的多种能量管理策略，可以确定处理能量管理问题的两大趋势：基于规则的控制方法和基于模型的优化方法 [2-4]。

基于规则的控制方法，其主要特点是实时应用方面的有效性。该方法并不涉及明确的最小化或最优化控制，而是依靠一系列的规则来决定每一时刻的控制量。规则的设计通常基于启发式方法 [5]、工程直觉或者在数学模型中通过最优算法生成的全局最优解 [6-8]。

在基于模型的优化策略中，利用固定且已知的行驶工况，计算出使成本函数最小的最优执行器设定值，即全局最优解。这种方法利用未来的驾驶信息来求解成本函数的最小值，获得的是一个非因果的解。由于预览性和计算复杂度，导致基于模型的最优控制方法不能直接进行实时应用和引导实际执行，但是此类方法构成了有价值的设计工具。事实上，它们可以为在线实施策略设计规则，或者作为一种基准方案来评价其他控制策略的优劣。基于模型的最优控制方法又可以分为数值法和解析法。数值优化方法包括动态规划[6, 9]、模拟退火算法[10]、遗传算法[11]和随机动态规划[12, 13]，在这些方法中，需要考虑整个行驶工况，并通过数值计算得到全局最优解。

另一方面，解析优化方法是使用分析问题的公式以封闭的分析形式进行求解，或者至少提供一个解析方程，使数值求解的速度比传统的数值方法更快。在这些方法中，庞特里亚金极小值原理最具代表性[14]。等效燃油消耗最小策略也属于这一范畴，因为该方法的主要目标是，在每一时刻使定义的瞬时成本函数最小。理想情况下，如果合理定义瞬时成本函数（类似于瞬时等效燃油消耗），那么就能得到全局成本函数的最小值。其他基于模型的控制策略除了考虑过去和现在的驾驶条件外，还会对未来的驾驶条件进行预测，如采用滚动时域的优化方法[15-17]。

3.4　混合动力汽车中的最优控制问题

无论动力系统的结构如何，混合动力汽车控制问题的实质是对来自能量转换器的功率流进行瞬时管理，以实现控制目标。这类问题有一个很重要的特征，即控制目标在本质上是整体的（如燃油消耗）或者在时间上是半局部的（如驾驶性能），而控制行为在时间上是局部的。此外，控制目标通常受制于整体约束，例如将电池 SOC 维持在规定的范围内[18]。一般而言，混合动力汽车的能量管理问题可以被转化为一个有限时域内的最优控制问题，其最优解可以通过最优控制理论方法求得，而这些方法的目的是为给定的系统找到一个控制规律，从而达到一定的最优性准则，通常定义为一定时间范围内的整体性能指标。

在整个优化时域都完全已知的情况下（优化的时间范围被定义），传统的最优控制技术通常只能在系统的简单数学模型中使用；然而，在实际情况中，整个优化时域通常不是已知的，所以在未来信息未知的物理动态系统中，最优控制的实现必然是次优的。

3.4.1　问题公式化

在本节中，我们阐述了当油耗总质量 m_f [g] 在驾驶任务中最小时的监督控制问题[⊖]。

混合动力汽车的最优能量管理问题是指在一段行程 t_f 内（初始时间 $t_0=0$），寻找控制变量 $u(t)$ 使得燃油消耗量 m_f 最小。相当于使整体性能指标 J 最小化

$$J=\int_{t_0}^{t_f} \dot{m}_f(u(t),t)\mathrm{d}t \qquad （3-1）$$

式中，$\dot{m}_f$ 是燃油质量流量（g/s）。

J 的最小化会受到多种约束的限制，而这些约束与底层执行器的物理限制、RESS 的储能限制以及将电池 SOC 保持在一定范围内的限制有关。这就将最优能量管理问题转化为一个有约束的有限时域最优控制问题，在使目标函数（3-1）最小化的同时，需要满足控制变量和状态变量的局部约束和全局约束。

系统动态：将状态变量和控制变量分别定义为 $x(t)=SOC$ 和 $u(t)=P_{batt}$，结合式（2-33），则系统动态方程可以表达为

$$\dot{x}(t) = -\frac{1}{\eta_{coul}^{sign(I(t))}}\frac{I(t)}{Q_{nom}} \qquad （3-2）$$

在控制设计中，采用一种面向控制的电池模型——零阶等效电路模型，如图 3-3 所示，其中参数包括：等效内阻 $R_0(SOC)$ 和开路电压 $V_{oc}(SOC)$[⊖]。电池 SOC 的变化可以表达为电池功率的函数

$$V_L(t)I(t) = P_{batt}(t) = u(t) = V_{oc}(x)I(t) - R_0(x)I^2(x) \qquad （3-3）$$

求解式（3-3）中的电流并代入式（3-2）可得

$$\dot{x} = -\frac{1}{\eta_{coul}^{sign(I(t))}Q_{nom}}\left[\frac{V_{oc}(x)}{2R_0(x)} - \sqrt{\left(\frac{V_{oc}(x)}{2R_0(x)}\right)^2 - \frac{u(t)}{R_0(x)}}\right] \qquad （3-4）$$

式（3-4）的一般形式为

⊖　我们将重点放在燃油消耗最小的问题上，暂不考虑驾驶性能。通常，换档优化属于变速器控制，而不是监督控制的目标。换档策略的优化需要建立一个包含连续时间和离散时间动力学的最优控制问题。在这项工作中，我们假设变速器控制器独立于监督控制器运行，因此换档策略被视为能量管理系统的已知外部输入。

⊖　一般来说，电阻和开路电压也取决于温度 θ。本研究忽略了温度对电池参数的影响。

$$\dot{x}(t) = f(x(t), u(t)) \qquad (3\text{-}5)$$

优化问题还需要满足一系列的约束条件，包括整体约束（如 SOC 最终目标值）和局部约束（如瞬时功率限制、电池 SOC 的边界值）。

全局约束：电池 SOC 的最终值 $x(t_f)$ 应该等于预设的目标值 x_{target}

$$x(t_f) = x_{target} \qquad (3\text{-}6)$$

换言之，终止时刻的状态变量 $x(t_f)$ 需要满足如下条件

$$x(t_f) - x_{target} = \Delta x = 0 \qquad (3\text{-}7)$$

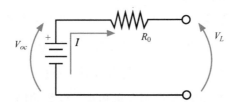

图 3-3　基于零阶等效电路的电池模型

在电量维持型的混合动力汽车中，在给定的驾驶任务中，电池的净能量应该为零，这意味着在行驶工况结束时，电池 SOC 的最终值应该与初始值相等，即 $x_{target} = x(t_0)$。在其他应用中，例如插电式混合动力汽车，一般期望的能量净消耗量为正值（电量消耗型），SOC 的最终值应该低于其初始值。式（3-7）定义了控制问题的全局状态约束，主要是为了比较不同解决方案的结果，确保它们开始和终止于相同的电池电量水平。在实际的车辆运行过程中，将 SOC 保持在两个边界值之间就足够了，因为在行驶工况结束时，预期的 SOC 和实际的 SOC 之间存在差异是可以接受的，并不会影响车辆的功能。

局部约束：局部约束往往用来限制状态变量和控制变量。状态变量的局部约束主要是将荷电状态维持在最大值和最小值之间（使电池工作在高效区域并保护电池的循环寿命），而控制变量的局部约束则是为了实现对各部件的实际工作状态进行控制（如发动机的最大和最小功率、电机和发动机的转矩和转速、电池功率等）。

综上所述，局部约束可以表达为

$$SOC_{\min} \leqslant SOC(t) \leqslant SOC_{\max}$$

$$P_{batt,\min} \leqslant P_{batt}(t) \leqslant P_{batt,\max}$$

$$T_{x,\min} \leqslant T_x(t) \leqslant T_{x,\max} \tag{3-8}$$

$$\omega_{x,\min} \leqslant \omega_x(t) \leqslant \omega_{x,\max}, x = eng, mot, gen$$

式（3-8）中的后两个不等式方程分别表示对发动机、电动机和发电机的转矩和转速的限制。$(\cdot)_{\min}$ 和 $(\cdot)_{\max}$ 分别表示任意时刻的 SOC/ 功率 / 转矩 / 转速的最小值和最大值。

与驾驶性和舒适性相关的其他局部约束也可以引入：例如，通过限制车辆动力系统不同模式的切换频率来保证舒适性。本书只讨论式（3-8）所列出的局部约束条件。

除了满足局部约束和全局约束之外，在每一时刻，监督控制器还应该确保满足车轮处的总功率需求。

问题 3.1：就电量维持型混合动力汽车而言，其最优能量管理问题的实质是，在满足动态约束（3-5）、全局状态约束条件（3-7）以及状态变量和控制变量的局部约束条件（3-8）下，求解使成本函数（3-1）最小化的控制变量序列 u^*。

注意事项

对于控制而言，荷电状态的约束是十分重要的。之所以称为电量维持型混合动力汽车，是因为其电池 SOC 在行程开始和结束时名义上是相同的，这意味着电池不需要外部充电就能维持自身的电量。另一方面，电量消耗型或者插电式混合动力汽车（PHEV）能够使用外部电源进行充电，因此 SOC 在行程结束时可以低于初始值。对电量维持型混合动力汽车而言，车辆消耗的所有能量都来源于燃油，而在插电式混合动力汽车中，部分电能可以从电网获得。

3.4.2　一般问题公式化

问题 3.1 中的最优能量管理问题是一般最优控制问题中的一个特殊案例，我们假定燃油消耗为最小化目标，并且通过硬性约束（3-7）强制执行电量维持的操作。尽管如此，对于不同应用的能量管理问题可以通过如下形式的一般方程进行构建。

对于一般的动态系统，其状态方程可以表达如下

$$\dot{x}(t) = f(x(t), u(t), t) \tag{3-9}$$

式中，$x(t) \in R^n$ 是状态向量；$u(t) \in R^p$ 是控制向量。

在式（3-7）中，电量维持约束被认为是一个硬约束，要求在任务结束时储存的能量等于任务开始时的值。或者，可以将这种约束作为一个软约束来执行，即惩罚终止时刻的能量与初始值的偏差。

将惩罚函数 $\phi(x(t_f))$（通常是一个关于终值与初始值差 $x(t_f) - x(t_0)$ 的函数）添加到性能指标（3-1）中，可以获得一个电量维持型性能指标形式[2]

$$J = \phi(x(t_f)) + \int_{t_0}^{t_f} \dot{m}_f(u(t), t)\,\mathrm{d}t \tag{3-10}$$

软约束通过 $\phi(x(t_f))$ 项修改成本函数，使约束变量的最终值接近期望值，但不一定等于期望值。例如，文献 [19] 中软约束是一个关于 $x(t_f) - x(t_0)$ 的二次函数，即 $\phi = \alpha \| x(t_f) - x(t_0) \|_2^2$，其中 α 是正权重因子。

使用一个二次函数来惩罚与 SOC 目标值 x_{target} 的正 / 负偏差量，便可以忽略偏差量的符号问题。在文献 [2] 中，提出一种线性惩罚函数

$$\phi(x(t_f)) = w(x(t_0) - x(t_f)) \tag{3-11}$$

式中，w 是正值。式（3-11）使电池的使用受到惩罚，同时有利于能量的储存。式（3-11）所表达的软约束实际上是一个惩罚项，可以表达为

$$\phi(x(t_f)) = w \int_0^{t_f} \dot{x}(t)\,\mathrm{d}t \tag{3-12}$$

发动机的废气排放[19-22]、电池老化[23]、驾驶性能[24, 25]、热动力学[26] 都可以包含在性能指标 J 中，因此，式（3-10）可以写成如下的一般形式

$$J = \phi(x(t_f)) + \int_{t_0}^{t_f} L(x(t), u(t), t)\,\mathrm{d}t \tag{3-13}$$

式中，$L(\cdot)$ 是瞬时成本函数。通过对每个目标引入加权因子，可以将多个目标结合在一起[27]，例如燃油消耗量和电池寿命。

在时间范围 $t \in [t_0, t_f]$ 内的最优控制问题其实就是在满足动态约束、局部约束和全局约束的情况下，选择使得成本函数（3-13）最小的控制律 $u : [t_0, t_f] \mapsto R^p$。

一般情况下，状态约束可通过定义容许状态集来表示，集合中的元素需满

足 $G(x, t) \leqslant 0$ 的条件，即

$$\Omega_x(t) = \{x \in R^n \mid G(x,t) \leqslant 0\} \tag{3-14}$$

式中，函数 $G(x,t): R^n \mapsto R^m$ 表示状态向量的分量必须满足的 m 个不等式约束。例如，$x(t)$ 必须维持在 x_{min} 和 x_{max} 的范围内，可以写出如下两个不等式（即，$m=2$）

$$G_1(x(t)) = x(t) - x_{max} \leqslant 0 \tag{3-15}$$

$$G_2(x(t)) = x_{min} - x(t) \leqslant 0 \tag{3-16}$$

通常情况下，容许状态值和容许控制值的集合可以定义为

$$\begin{cases} G(x(t)) \leqslant 0 \\ u(t) \in U(t) \end{cases} \forall t \in [t_0, t_f] \tag{3-17}$$

其中，$U(t)$ 表示在 t 时刻容许控制值的集合。

局部约束（3-16）是任意时刻都必须满足的瞬时条件。$G(x(t), t) \leqslant 0$ 的表示方法是通用的，函数 $G(\cdot)$ 通常是向量。在多数情况下，用两个方程来表示这两个不等式 $x_{min}(t) \leqslant x(t) \leqslant x_{max}(t)$。

一般的最优控制问题可以表述如下：

问题 3.2：含约束的有限时域最优控制问题在于寻找使成本函数（3-13）最小的最优控制向量 u^*，同时满足动态约束（3-9）以及状态变量和控制变量的局部约束（3-16）。

在接下来的章节中，我们将详细介绍解决问题 3.1 的方法。

参考文献

[1] L. Guzzella, A. Sciarretta, *Vehicle Propulsion Systems: Introduction to Modeling and Optimization* (Springer, Berlin, 2013)

[2] A. Sciarretta, L. Guzzella, Control of hybrid electric vehicles. IEEE Control Syst. Mag. **27**(2), 60–70 (2007)

[3] F. Salmasi, Control strategies for hybrid electric vehicles: evolution, classification, comparison, and future trends. IEEE Trans. Veh. Technol. **56**(5), 2393–2404 (2007)

[4] S. Onori, in *Model-Based Optimal Energy Management Strategies for Hybrid Electric Vehicles*, ed. by H. Waschl, I. Kolmanovsky, M. Steinbuch, L. del Re. Lecture Notes in Control and Information Sciences, vol. 455 (Springer, New York, 2014), pp. 199–218

[5] B. Baumann, G. Washington, B. Glenn, G. Rizzoni, Mechatronic design and control of hybrid electric vehicles. IEEE/ASME Trans. Mechatron. **5**(1), 58–72 (2000)

[6] C. Lin, J. Kang, J. Grizzle, H. Peng, Energy management strategy for a parallel hybrid electric

truck, in *Proceedings of the 2001 American Control Conference*, vol. 4 (2001), pp. 2878–2883

[7] D. Bianchi, L. Rolando, L. Serrao, S. Onori, G. Rizzoni, N. Al-Khayat, T.M. Hsieh, P. Kang, Layered control strategies for hybrid electric vehicles based on optimal control. Int. J. Electr. Hybrid Veh. **3**(2), 191–217 (2011)

[8] R. Biasini, S. Onori, G. Rizzoni, A rule-based energy management strategy for hybrid medium duty truck. Int. J. Powertrains **2**(2/3), 232–261 (2013)

[9] D. Bertsekas, *Dynamic Programming and Optimal Control* (Athena Scientific, Belmont, 1995)

[10] S. Delprat, G. Paganelli, T.M. Guerra, J.J. Santin, M. Delhorn, E. Combes, Algorithmic optimization tool for the evaluation of HEV control strategies, in *Proceedings of EVS 99* (1999)

[11] A. Piccolo, L. Ippolito, V. Galdi, A. Vaccaro, Optimization of energy flow management in hybrid electric vehicles via genetic algorithms, in *Proceedings of the 2001 IEEE/ASME International Conference on Advanced Intelligent Mechatronics* (2001)

[12] L. Kolmanovsky, I. Siverguina, B. Lygoe, Optimization of powertrain operating policy for feasibility assessment and calibration: stochastic dynamic programming approach, in *Proceedings of the 2002 American Control Conference* (2002), pp. 1425–1430

[13] S.J. Moura, H.K. Fathy, D.S. Callaway, J.L. Stein, A stochastic optimal control approach for power management in plug-in hybrid electric vehicles. IEEE Trans. Control Syst. Technol. **19**(6), 545–555 (2011)

[14] H.P. Geering, *Optimal Control with Engineering Applications* (Springer, Berlin, 2007)

[15] E. Nuijten, M. Koot, J. Kessels, B. de Jager, M. Heemels, W. Hendrix, P. van den Bosch, Advanced energy management strategies for vehicle power nets, in *Proceedings of EAEC 9th International Congress: European Automotive Industry Driving Global Changes* (2003)

[16] M. Salman, M. Chang, J. Chen, Predictive energy management strategies for hybrid vehicles, in *Proceedings of the 2005 IEEE Vehicle Power and Propulsion Conference* (2005)

[17] H. Borhan, A. Vahidi, A.M. Phillips, M.L. Kuang, I. Kolmanovsky, S.D. Cairano, MPC-based energy management of a power-split hybrid electric vehicle. IEEE Trans. Control Syst. Technol. **19**, 1–11 (2011)

[18] G. Rizzoni, H. Peng, Hybrid and electrified vehicles: the role of dynamics and control. *Mechanical Engineering-CIME* (American Society of Mechanical Engineers, New York, 2013)

[19] C. Lin, H. Peng, J. Grizzle, J. Kang, Power management strategy for a parallel hybrid electric truck. IEEE Trans. Control Syst. Technol. **11**(6), 839–849 (2003)

[20] S. Delprat, J. Lauber, T. Guerra, J. Rimaux, Control of a parallel hybrid powertrain: optimal control. IEEE Trans. Veh. Technol. **53**(3), 872–881 (2004)

[21] V.H. Johnson, K.B. Wipke, D.J. Rausen, HEV control strategy for real-time optimization of fuel economy and emissions. SAE paper 2000-01-1543 (2000)

[22] K. Kelly, M. Mihalic, M. Zolot, Battery usage and thermal performance of the Toyota Prius and Honda Insight during chassis dynamometer testing, in *The Seventeenth Annual Battery Conference on Applications and Advances*, vol. 2002 (2002), pp. 247–252

[23] L. Serrao, S. Onori, A. Sciarretta, Y. Guezennec, G. Rizzoni, Optimal energy management of hybrid electric vehicles including battery aging, in *Proceedings of the 2011 American Control Conference (ACC)* (2011), pp. 2125–2130

[24] P. Pisu, K. Koprubasi, G. Rizzoni, Energy management and drivability control problems for hybrid electric vehicles, in *44th IEEE Conference on Decision and Control and 2005 European Control Conference, CDC-ECC'05* (2005), pp. 1824–1830

[25] D. Opila, X. Wang, R. McGee, R. Gillespie, J. Cook, J. Grizzle, An energy management controller to optimally trade off fuel economy and drivability for hybrid vehicles. IEEE Trans. Control Syst. Technol. **20**(6), 1490–1505 (2012)

[26] F. Merz, A. Sciarretta, J.-C. Dabadie, L. Serrao, On the optimal thermal management of hybrid-electric vehicles with heat recovery systems. Oil Gas Sci. Technol.—Rev. IFP Energ. Nouv. **67**(4), 601–612 (2012)

[27] L. Serrao, A. Sciarretta, O. Grondin, A. Chasse, Y. Creff, D.D. Domenico, P. Pognant-Gros, C. Querel, L. Thibault, Open issues in supervisory control of hybrid electric vehicles: a unified approach using optimal control methods. Oil Gas Sci. Technol.—Rev. IFP Energ. Nouv. **68**, 137–147 (2013)

第 4 章 CHAPTER 4
动态规划

4.1 简介

本章将介绍绪论中提及的诸多方法中的第一个控制方法，并利用该方法来解决第 3 章中构建的最优控制问题。动态规划（Dynamic Programming, DP）是一种通过时间倒序运算来寻找全局最优解的数值方法。

只有向后看才能理解生活；但要过好生活，则必须向前看。

——S. Kierkegaard

4.2 一般性公式

动态规划是一种用来解决多级决策问题的数值方法 [1, 2]。它可以为不同复杂程度（在计算能力范围内）的问题提供最优的解决方案。但它却是非因果的，且只能在仿真环境中实现，因为它需要预知整个优化域的先验信息。对动态规划的研究，可追溯到 1957 年 Richard Bellman 写的第一本关于这个主题的书 [2]，在该书中他陈述了贝尔曼最优性原理：

一个最优策略具有如下性质：不论初始状态和初始决策如何，剩余的决策都必须对第一个决策产生的状态构成最优策略。

换言之，从最优轨迹上的任意一点来看，剩余的轨迹对于由该点出发的相应问题仍是最优的。

考虑离散时间系统：$x_{k+1}=f_k(x_k, u_k)$，其中 k 取整数值，即 $k=0, 1, \cdots$。u_k 是 k 时刻的控制变量。状态变量 x 和控制变量 u 是有界的且是离散的，即它们可以在各自的域中取值（$u_k \in U_k$ 和 $x_k \in \Omega_k$）。

考虑如下 N 个时间步长的控制策略

$$u = \left\{ u_0, u_1, \cdots, u_{N-1} \right\} \tag{4-1}$$

从初始条件 x_0 开始，控制变量 u 的成本函数是

$$J(x_0, u) = L_N(x_N) + \sum_{k=1}^{N-1} L_k(x_k, u_k) \tag{4-2}$$

式中，L_k 是瞬时成本函数 [与式（3-13）中连续时间的被积函数相同]，在动态规划中被称为弧成本。采用最优策略获得的成本函数是

$$J^*(x_0) = \min_u J(x_0, u) \tag{4-3}$$

而相应的最优策略是 $u^* = \left\{ u^*_1, u^*_2, \cdots, u^*_{N-1} \right\}$。

现在考虑从第 i 时刻（和状态变量 x_i）到第 N 时刻最小化累计成本函数 Y 的"尾部子问题"

$$Y(x_i, i) = L_N(x_N) + \sum_{k=i}^{N-1} L_k(x_k, u_k) \tag{4-4}$$

它对应于整个问题的最后部分。贝尔曼最优性原理指出，"尾部策略" $\left\{ u^*_i, u^*_{i+1}, \cdots, u^*_{N-1} \right\}$ 是尾部子问题的最优策略⊖。该陈述在归纳原则[1]中有合理的分析。

基于贝尔曼最优性原理的动态规划算法，是从第 N 步开始进行后向运算，获得最优累计成本函数的控制序列，即

$$u_k = \mu^*(x_k, k) = \arg \min_{u \in U_k} \left(L_k(x_k, u) + Y_{k+1}(f_k(x_k, u_k), u_k) \right) \tag{4-5}$$

其中，$k = N-1, N-2, \cdots, 1$。

最后一次迭代中产生的 $Y(x_1, 1)$ 等于最优（最小）成本 $J^*(x_0)$，$Y(x_N, N) = L_N(x_N)$ 是终端成本，它取决于最终状态 x_N。注意，符号 $Y(x_k, k)$ 表示从状态 x_k（在 k 时刻）到优化结束时的最优累计成本，而 $Y_k(x_N, u_k)$ 是取决于控制量 u_k 的函数，表示同一状态的累计成本候选值。换言之，$Y(x_k, k)$ 是 $Y_k(x_k, u_k)$ 在 u_k 变化时假定的最小值。从最终状态开始后向运算，在每一步选择使累计成本函数 $Y_k(x_k, u_k)$ 最小化的控制量，并把每一时刻的最佳控制量和状态量 x_k 存储在矩阵 μ^* 中，从而最优控制序列也就得到了。

⊖ 在"尾部子问题"中，在第 i 时刻的 x_i 处，希望最小化从第 i 时刻到第 N 时刻的累计成本。

由于算法中状态量的值是离散的，而大多数物理系统是通过连续状态定义的，所以在离散控制集内使用给定的控制操作，可能会导致系统状态不是离散向量 Ω_k 中的元素，而是两个值中间的状态。在这种情况下，网格点处的成本函数值可基于插值法计算。

总结[3]：

1）最优控制序列 μ^* 是一个仅关于 x_k 和 k 的函数。

2）最优控制法则以闭环形式表示。不论之前的控制策略如何，它都是最优的结果。

3）贝尔曼方程通过后向归纳的方法来对问题进行求解：即后面的决策首先被确定。

4.3　DP 在混合动力汽车能量管理问题中的应用

动态规划可以用来解决第 3.4.1 节定义的最优能量管理问题。控制序列（决策）u_k 表示在连续的时域范围内，发动机与可充电的能量储存系统之间的功率分配。成本对应于燃料消耗、能量消耗、排放或其他的设计目标。通过考虑每个动力系统部件的状态和总需求功率来确定每个时刻的选择集 U_k。可供考虑和评估的候选解数量是计算能力和结果准确性之间的折衷：实际上，最小成本可能与选择的点不完全一致，但是它们之间越接近，最优解的近似值就越好。

一旦确立可能的功率分配或候选解的网格点，就可以使用前面提及的步骤，将成本与每个候选解相关联。通过后向运算（即从驾驶周期结束点开始），在每个网格点计算最优累计成本，并存储在成本矩阵中。搜索整个循环周期，总成本最低的路径代表最优解。

举个例子，对于串联型混合动力汽车，控制变量是电池功率 P_{batt}，它是从一组容许值（最大边界和最小边界的中间值）中选择的。

从行驶工况结束开始（假定已知），在每个时间步长计算所有可行路径的弧成本；可行路径被定义为与电池功率限制一致的 SOC 变化路径。该成本是从动力系统模型中计算出来的发动机油耗，与给定电池功率决策相对应，也与给定

的 *SOC* 变化相对应。

动态规划算法的目标是选择最优的电池功率序列，使得总成本最小。选择电池功率值序列的同时也决定了电池 *SOC* 值序列，由于 *SOC* 在时间步长之间的变化和电池功率在这些步长之间的积分成正比，控制变量和状态变化之间的对应关系是唯一的。

因为只考虑容许值，所以电池功率和 *SOC* 值的选择必须满足电池功率以及荷电状态的限制范围。此外，设置 *SOC* 的初值和终值是很容易的（状态全局约束）。

如图 4-1 所示的流程图说明了 DP 算法实现的基本形式。

状态向量被定义为 x_{vec}，将其从最小值 x_{min} 到最大值 x_{max} 进行离散，离散步长为 δ_x，其中向量 x_{vec} 的长度是 N_x。对控制向量 u_{vec} 做同样的操作，u_{vec} 从最小值 u_{min} 到最大值 u_{max} 包含 N_u 个元素，当 $k=N$ 时，累计成本等于终端成本 L_N，这是针对 x_{vec} 内每个允许状态值计算来的。如果最终状态被限制为特定的值或范围值，则在最后的时间步长中 x_{vec} 只有一个允许子集，这意味着，当相关成本到达一个不允许的状态值时将被设置为无限大。然后，随着时间的后向推移，由所有状态值和控制量组合计算得到的弧成本 $L_k(x_k, u_k)$，被存储在矩阵 $L_k(m, n)$ 中，其中指针 m 和 n 分别对应于状态量和控制量的维数。矩阵 L_k 包含从 k 时刻的每个允许节点（x_{vec} 的每个元素）移动到 $k+1$ 时刻所有可到达节点（即通过应用 u_{vec} 的每个元素而获得的状态）的成本。

然后，计算累计成本候选值 $Y_k(m, n)$，它表示从 k 时刻开始的状态 $x_{vec}(m)$ 和被选作第一个控制操作的 $u_{vec}(n)$ 到达时域终点时的成本。最优累计成本 $Y(m, k)$ 是通过筛选最小化 $Y_k(m, n)$ 的控制量 u_k 获得的。针对每个可允许的状态指针 m，在 k 时刻，通过最小化累计成本函数产生控制量指针，并存储在矩阵 $\mu^*(m, k)$ 中。重复此操作直到初始时刻（$k=1$），此时找到最优控制序列。利用刚刚得到的最优控制矩阵，随后在时域内前向循环运算，最终计算得到最优的控制量和状态量序列。

为了说明 DP 的执行过程，考虑采用图 4-2 和图 4-3 所示的简单例子。状态量（电池荷电状态 *SOC*）在每个时刻（$k=1, \cdots, N$，其中 $N=5$）可以取三个值：$x_{vec}=\{0.7, 0.65, 0.6\}$，（即 $m=1, 2, 3$）。控制量（电池功率）可以取五个值：

u_{vec}={−0.1, −0.05, 0, 0.05, 0.1}：不同的数值与其相应的 SOC 变化对应，指针 n 的范围介于 1 和 5 之间。

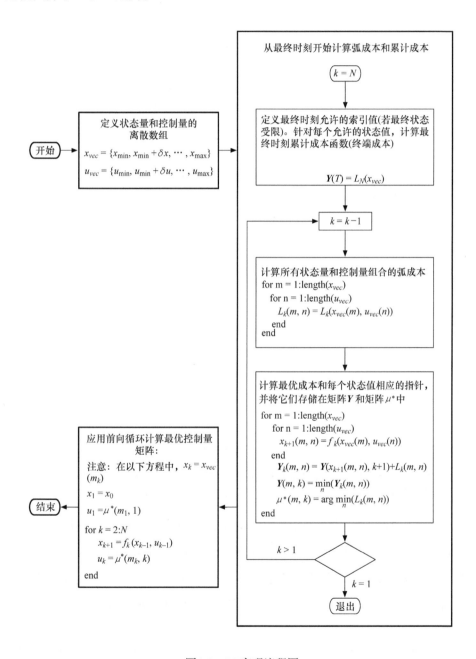

图4-1 DP实现流程图

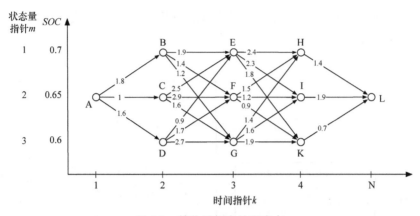

图 4-2　简化示例中的弧成本

注：点代表状态值，箭头表示控制量选择 u_{vec}，并指向由该控制获得的状态值。每个线段上的数字表示弧成本 $L_k(x,u)$，即在（单个时间步长中）选择该控制指令时产生的成本。

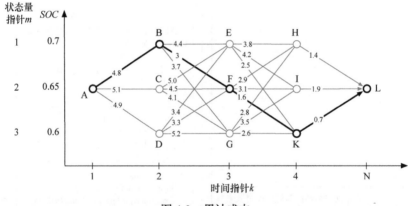

图 4-3　累计成本

注：从某状态点或某时间点开始的每个线段上的数字表示从该点到结束时的最小累计成本 $Y(x,k)$，该累计成本是在该时间步长内筛选相应控制量时产生的（之后便可得到最优的控制序列）。

电池功率的限制是根据两个连续时间步长之间的 SOC 的最大和最小变化来表示的，并取决于 SOC 值。例如，当 SOC 处于最大值时，由于约束它不能再增加，因此只有 u_{vec} 的零值或正值是可容许的，即 $n=3, 4, 5^{\ominus}$。首先计算从 k 时刻所有可容许节点移动到 $k+1$ 时刻所有可容许节点的弧成本 $L_k(x_k, u_k)$。

$\ominus$　说明：原书中此处的论述为"当 SOC 处于最大值时，由于约束它不能再增加，因此只有零值或负值是可容许的"，而文中所指定的控制变量为电池功率，电池功率为负值会引起电池的过度充电。因此，译者改正了此处的理论性错误，同时修正了下述所举的实例。

如图 4-2 所示，给出了这种情况下所有可容许的弧成本：例如，在时刻 $k=N-1=4$ 时，三个 SOC 值都是容许的（节点 H，I，K），但在终止时刻只有一个可容许值（节点 L）；因此，必须定义三个弧成本：H→L(u=0.05)，I→L(u=0) 和 K→L(u=−0.05)。在 $k=3$ 时刻，有九种可能的组合（从任意节点 E，F，G 到任意节点 H，I，K）。对其他时刻可做类似的考虑。弧成本如图 4-2 所示。一旦确定所有的弧成本，便可从最后一点开始后向计算累计成本（图 4-3）。在 $k=4$ 时刻，节点 H，I，K 的累计成本 $Y_4(x_4, u_4)$ 分别对应于弧成本，因为它的下一时刻是优化域的结束时刻。在 $k=3$ 时刻，每个节点的最优累计成本等于从该节点移动到终止时刻的最小成本。那么对节点 E 而言，累计成本就是备选方案中具有最小成本路径的那一个：E→H→L，E→I→L，E→K→L。使用如图 4-2 所示的弧成本来计算各项累计成本函数值，分别为

$$Y_3(m=1, n=3) = 2.4 + 1.4 = 3.8$$
$$Y_3(m=1, n=4) = 2.3 + 1.9 = 4.2$$
$$Y_3(m=1, n=5) = 1.8 + 0.7 = 2.5$$

控制指针 $n=1$ 和 $n=2$ 是不被允许的，因为它们会导致电池过度充电，因此不予考虑。另外，节点 F 处和节点 G 处可容许的控制值分别是 $n=2, 3, 4$ 和 $n=1, 2, 3$。相应的累计成本函数值为

$$Y_3(m=2, n=2) = 1.5 + 1.4 = 2.9$$
$$Y_3(m=2, n=3) = 1.2 + 1.9 = 3.1$$
$$Y_3(m=2, n=4) = 0.9 + 0.7 = 1.6$$
$$Y_3(m=3, n=1) = 1.4 + 1.4 = 2.8$$
$$Y_3(m=3, n=2) = 1.6 + 1.9 = 3.5$$
$$Y_3(m=3, n=3) = 1.9 + 0.7 = 2.6$$

累计成本函数值对应的路径如图 4-3 所示。因此，从 E 到 L 的最佳路径经过 K，累计成本函数值为 2.5（即 1.8+0.7）；从 F 到 L 的最佳路径经过 K，累计成本为 1.6，从 G 到 L 的最佳路径经过 K，累计成本为 2.6。这是在算法运算到前一时刻（$k=2$）之前所需的所有信息。现在计算节点 B，C 和 D 的弧成本，

根据贝尔曼最优性原理，从 E，F 或 G 移动到 L 的最优路径不受先前时刻选择的影响，因此从 B 到 L 的累计成本函数值是从 B 到 E、F、G 的弧成本，再加上从该点到 L 的最优成本的总和：例如，从 B 经过 E 到 L 的累计成本为 4.4，即 1.9（B→E 的成本）加上 2.5（E→L 的最低成本）。通过类似的推理，如图 4-3 所示，整个图形可用累计成本函数值 $Y(x, k)$ 表示

$$Y(x,k) = \begin{bmatrix} 0 & 3 & 2.5 & 1.4 \\ 4.8 & 4.1 & 1.6 & 1.9 \\ 0 & 3.3 & 2.6 & 0.7 \end{bmatrix}$$

作用于每个时刻（列向量）和每个状态（行向量）的控制量存放在相应的最优控制矩阵 μ^* 中

$$\mu^*(x,k) = \begin{bmatrix} & +0.05 & +0.1 & +0.05 \\ -0.05 & +0.05 & +0.05 & 0 \\ -0.05 & 0 & -0.05 \end{bmatrix}$$

此时，可选择从 A 到 L 最低总成本的路径作为最优路径，其值为 $J^*(x_0)=Y(x_0, 1)=4.8$，并且从 A 到 L 的最优策略是根据如图 4-1 所示的最后一个方框读取 $\mu^*(x, k)$ 的值得到的（对应于如图 4-3 所示的粗体路径）

$$u^* = \{-0.05, +0.05, +0.05, -0.05\}$$

由于候选解的离散化，DP 只能在精度限制范围内提供一个数值最优解，但却不适用于实时控制，这里给出两个重要原因：

1）求解必须采用后向运算，因此必须提前获知整个行驶工况的信息。

2）它的计算量很大，在确定第一个控制动作之前，需要对整个问题进行反向求解。

尽管如此，动态规划提供了能量管理问题最佳解决方案的最优近似值，通常用于确定给定架构的最大潜力，从而充当设计工具或作为可实现控制策略的基准[4-12]。

所描述的 DP 实现过程可以分为三步：确定弧成本、确定使累计成本函

数最小化的最优控制策略（后向运算）、将最优控制策略应用于系统（前向运算）。最后一步可以在标准模拟器上执行，而前两个步骤需要一个特定的代码，能够清晰地将每一时刻成本的定义与动态方程的积分分离。换言之，需要对瞬时成本函数 $L_k=L(x_k, u_k, w_k)$ 和系统函数 $x_{k+1}=f_k(x_k, u_k, w_k)$ 进行非动态表达，其中外部扰动 w_k 可以是行驶工况、道路坡度等。然后由 DP 算法调用这些函数来计算从行驶工况终止时刻开始的累计成本值，并确定最优策略。

读者可以通过文献 [13, 14] 来了解通用 DP 算法的详细描述，该算法可供下载 [15]。

参考文献

[1]　D. Bertsekas, *Dynamic Programming and Optimal Control* (Athena Scientific, Belmont, 1995)

[2]　R.E. Bellman, *Dynamic Programming* (Princeton University Press, Princeton, 1957)

[3]　R. Weber, *Optimization and Control*. Course notes (University of Cambridge, Cambridge, 2007)

[4]　A. Brahma, Y. Guezennec, G. Rizzoni, Optimal energy management in series hybrid electric vehicles, in *Proceedings of the 2000 American Control Conference*, vol. 1, no. 6 (2000), pp. 60–64

[5]　C. Lin, J. Kang, J. Grizzle, H. Peng, Energy management strategy for a parallel hybrid electric truck, in *Proceedings of the 2001 American Control Conference*, vol. 4 (2001), pp. 2878–2883

[6]　C. Lin, Z. Filipi, Y. Wang, L. Louca, H. Peng, D. Assanis, J. Stein, Integrated, feed-forward hybrid electric vehicle Simulation in simulink and its use for power management studies. SAE paper 2001–01–1334 (2001)

[7]　C. Lin, H. Peng, J. Grizzle, J. Kang, Power management strategy for a parallel hybrid electric truck. IEEE Trans. Control Syst. Technol. **11**(6), 839–849 (2003)

[8]　A. Sciarretta, M. Back, L. Guzzella, Optimal control of parallel hybrid electric vehicles. IEEE Trans. Control Syst. Technol. **12**(3), 352–363 (2004)

[9]　L. Pérez, G. Bossio, D. Moitre, G. García, Optimization of power management in an hybrid electric vehicle using dynamic programming. Math. Comput. Simul. **73**(1–4), 244–254 (2006)

[10]　T. Hofman, M. Steinbuch, R. van Druten, A. Serrarens, Rule-based energy management strategies for hybrid vehicles. Int. J. Electr. Hybrid Veh. **1**(1), 71–94 (2007)

[11]　D. Bianchi, L. Rolando, L. Serrao, S. Onori, G. Rizzoni, N. Al-Khayat, T. Hsieh, P. Kang, A rule-based strategy for a series/parallel hybrid electric vehicle: an approach based on dynamic programming, in *Proceedings of 2010 ASME Dynamic Systems and Control Conference* (2010)

[12]　L. Serrao, S. Onori, G. Rizzoni, A comparative analysis of energy management strategies for hybrid electric vehicles. ASME J. Dyn. Syst. Meas. Control **133**(3), 031012 (2011)

[13]　O. Sundström, L. Guzzella, A generic dynamic programming Matlab function, in *18th IEEE International Conference on Control Applications (CCA) & Intelligent Control (ISIC)* (IEEE, 2009), pp. 1625–1630

[14]　O. Sundström, D. Ambühl, L. Guzzella, On implementation of dynamic programming for optimal control problems with final state constraints. Oil Gas Sci. Technol.-Rev., IFP (2009)

[15]　ETH Zurich, Institute for Dynamic Systems and Control. DPM function. http://www.idsc.ethz.ch/Downloads/DownloadFiles/dpm

第5章 CHAPTER 5
庞特里亚金极小值原理

5.1 简介

在第 4 章中，我们提出了 DP 优化方法，将其作为数值工具来解决前面第 3.4 节中混合动力汽车的最优控制问题。一方面，DP 可以找到优化问题的全局最优解；但另一方面，该算法受维数灾难和后向离散化模型的限制，从计算效率和实际应用的角度来看，并不具有吸引力[1, 2]。为此，近年来一些其他的最优控制方法也被用来解决这类问题，其中庞特里亚金极小值原理⊖（PMP）[1, 3, 5] 是最受关注的算法之一。

庞特里亚金极小值原理是以一组最优必要条件的形式存在的。满足极小值原理条件的控制变量 $u(t)$ 称为极值。由于极小值原理的条件是必要条件，所以当最优解存在时，一定是极值控制量；反之，并非所有极值控制量都是最优的。

PMP 的公式取决于最优控制问题具体的定义方式[5]。本章节主要探讨与 HEV 能量管理最相关的问题⊖。第 5.2 节给出了一般情况下 n 维多输入系统的 PMP 公式；而第 5.3 节详细介绍了 PMP 在混合动力汽车能量管理中的应用；在本章最后，讨论了 DP 与 PMP 之间的关系以及区别。

5.2 状态约束下的极小值原理问题

庞特里亚金极小值原理可用来解决系统状态受约束的优化问题，如第 3.4.2 小节中描述的问题 3.2。

如第 3 章所述，可以将状态变量约束在一定边界内，而这些边界一般是时变的：$x(t) \in \Omega_X(t) \subset R^n \forall \in [t_0, t_f]$。形式上，状态边界可用满足 $G(x(t)) \leqslant 0$ 条件的可容许状态集来表示，即

$$\Omega_X(t) = \left\{ x \in R^n \mid G(x(t)) \leqslant 0 \right\}$$

式中，函数 $G(x(t)): R^n \to R^m$ 表示状态变量必须满足的一组 m 维不等式。

对于问题 3.2，其哈密顿函数可定义为

$$H(x(t), u(t), \lambda(t), t) = L(x(t), u(t), t) + \lambda(t)^T f(x(t), u(t), t) \qquad （5-1）$$

式中，$f(x(t), u(t), t)$ 是系统动态方程（3-9）的右端部分；$L(x(t), u(t), t)$ 是式（3-13）的瞬时成本；$\lambda(t)$ 是优化变量向量，也称为系统的伴随状态或者协态。协态向量 $\lambda(t)$ 的维度与状态向量 $x(t)$ 相同。

庞特里亚金极小值原理指出：若 $u^*(t)$ 是问题 3.2 的最优控制律，则需满足以下条件[5]：

1）系统的状态和协态须满足以下条件：

$$\dot{x}^*(t) = \frac{\partial H}{\partial \lambda} \bigg|_{u^*(t)} = f(x^*(t), u^*(t), t) \qquad （5-2）$$

$$\begin{aligned} \dot{\lambda}^*(t) &= -\frac{\partial H}{\partial x} \bigg|_{u^*(t)} = h(x^*(t), u^*(t), \lambda^*(t), t) \\ &= -\frac{\partial L}{\partial x}(x^*(t), u^*(t), t) - \lambda^*(t) \left[\frac{\partial f}{\partial x}(x^*(t), u^*(t), t) \right]^T \end{aligned} \qquad （5-3）$$

$$x^*(t_0) = x_0 \qquad （5-4）$$

$$x^*(t_f) = x_{target} \qquad （5-5）$$

2）对于 $t \in [t_0, t_f]$，$u^*(t)$ 使得哈密顿函数全局最小：

$$H(u(t), x^*(t), \lambda^*(t), t) \geqslant H(u^*(t), x^*(t), \lambda^*(t), t), \forall u(t) \in U(t), \forall t \in [t_0, t_f]$$

即，最优解 $u^*(t)$ 可以写为

$$u^*(t) = \arg \min_{u(t) \in U(t)} (H(u(t), x(t), \lambda(t), t)) \qquad （5-6）$$

式中，$U(t)$ 是在 t 时刻的容许控制值集。

5.2.1　系统的状态边界

对于上述问题，系统的状态约束包括局部约束和全局约束。全局约束可以通过式（5-4）与式（5-5）实现。为了保证在每一时刻系统的状态都在状态集合 $\Omega_x(t)$ 内，局部约束可以通过在哈密顿函数中添加额外的成本项来执行，当系统状态达到或者超出状态边界时，即可产生额外的附加成本。

由于对状态变量的约束，极小值原理的表达形式取决于状态约束（即状态假定边界值）是否有效。特别是当满足以下条件之一时 [参考式（3-14）和式（3-15）]，状态约束起作用：

1）状态设定值超过其容许上限：

$$G_1(\boldsymbol{x}(t)) = \boldsymbol{x}(t) - \boldsymbol{x}_{max} > 0 \qquad (5\text{-}7)$$

2）或状态设定值小于其容许下限：

$$G_2(\boldsymbol{x}(t)) = \boldsymbol{x}_{min} - \boldsymbol{x}(t) > 0 \qquad (5\text{-}8)$$

为了在极小值原理表达式中正式地引入上述约束，可以对函数 G_1、G_2 在时域内进行 r 阶求导，得到关于 $\boldsymbol{u}(t)$ 的显式关系式 $G^{(r)}$。为解决本书中提出的问题，对含有控制量 $\boldsymbol{u}(t)$ 的函数 G_1、G_2 进行一阶求导，也就是 $r=1$，即

$$G^{(1)}(\boldsymbol{x}(t),\boldsymbol{u}(t),t) = \begin{cases} G_1^{(1)}(\boldsymbol{x}(t),\boldsymbol{u}(t),t) = \dfrac{\mathrm{d}G_1}{\mathrm{d}t} = \dot{\boldsymbol{x}}(t) = f(\boldsymbol{x}(t),\boldsymbol{u}(t),t) \\[4mm] G_2^{(2)}(\boldsymbol{x}(t),\boldsymbol{u}(t),t) = \dfrac{\mathrm{d}G_2}{\mathrm{d}t} = -\dot{\boldsymbol{x}}(t) = -f(\boldsymbol{x}(t),\boldsymbol{u}(t),t) \end{cases} \qquad (5\text{-}9)$$

通过式（5-9），局部状态约束可以通过新的哈密顿函数来实现，该函数定义为 [5]

$$H = L(\boldsymbol{x}(t),\boldsymbol{u}(t),t) + \boldsymbol{\lambda}(t)^{\mathrm{T}} f(\boldsymbol{x}(t),\boldsymbol{u}(t),t) + w(\boldsymbol{x})^{\mathrm{T}} f(\boldsymbol{x}(t),\boldsymbol{u}(t),t) \qquad (5\text{-}10)$$

式中

$$w(\boldsymbol{x}) = \begin{cases} 0 & G(\boldsymbol{x}(t)) < 0 \quad (\text{状态约束不被激发}) \\ -K & G_1(\boldsymbol{x}(t)) \geqslant 0 \quad (\text{上限约束被激发}) \\ K & G_2(\boldsymbol{x}(t)) \geqslant 0 \quad (\text{下限约束被激发}) \end{cases} \qquad (5\text{-}11)$$

$w(\boldsymbol{x})$ 具有与 $G(\boldsymbol{x}(t))$ 相同数量的元素，且其每个元素是根据 $G(\boldsymbol{x}(t))$ 的相应元素

定义的。恒值 K 可以设为任意值。一般设置 K 为一个较大值，以保证达到（或者超过）状态约束边界时产生的附加成本足够大，使相应的解不被接受。

式（5-10）的哈密顿函数也可以写成如下形式

$$H = L(\boldsymbol{x}(t),\boldsymbol{u}(t),t) + (\boldsymbol{\lambda}(t)^{\mathrm{T}} + w(\boldsymbol{x})^{\mathrm{T}})f(\boldsymbol{x}(t),\boldsymbol{u}(t),t) \qquad (5\text{-}12)$$

实际上，在约束条件起作用期间，哈密顿函数被 $w(\boldsymbol{x})$ 项所增广，$w(\boldsymbol{x})$ 称为加罚函数，依赖于约束函数的导数有关。对于形如式（5-7）与式（5-8）的约束，加罚函数的作用为：对于趋向于系统状态边界的候选解会受到惩罚，这使得远离状态边界的候选解将更容易被选择。

根据新定义的哈密顿函数（5-12），将协态方程（5-3）修改如下

$$\dot{\boldsymbol{\lambda}}^{*}(t) = -\frac{\partial L}{\partial \boldsymbol{x}}(\boldsymbol{x}^{*}(t),\boldsymbol{u}^{*}(t),t) - (\boldsymbol{\lambda}^{*}(t) + w(\boldsymbol{x}))[\frac{\partial f}{\partial \boldsymbol{x}}(\boldsymbol{x}^{*}(t),\boldsymbol{u}^{*}(t),t)]^{\mathrm{T}} \qquad (5\text{-}13)$$

在哈密顿函数中引入加罚函数后，当系统边界约束起作用时，加罚函数造成了哈密顿函数的不连续性。从式（5-13）中可以推测出，加罚函数的不连续性导致了协态值 $\lambda(t)$ 的不连续。

5.2.2 关于极小值原理的说明

庞特里亚金极小值原理是解决有限时域优化问题的一个强大工具。它可以根据微分方程（5-2）、式（5-13）和瞬时最小化公式（5-6）得到的局部条件，重新定义全局最优控制问题。显然，问题的全局性并没有消失，其边界条件是在初始和最终时刻给出的。因此，该问题并不能作为标准的动态演化问题来解决。

由庞特里亚金极小值原理给出的必要条件可以得到最优控制量候选值，称为极值控制；庞特里亚金极小值原理指出，如果最优控制量存在，它一定是极值控制量。如果最优控制问题存在一个解，且只有一个极值控制量，则该极值控制量为最优解。即使最优控制问题存在多个极值控制量，也可以简单地用枚举法验证，对应最小总成本的极值控制量即为最优解。

用极小值原理求解最优控制问题的标准方法称为打靶法[○]，在每次仿真初始

○ 打靶法对于单状态变量的问题实用且可靠，且更易于理解协态对最优解的影响；基于此，打靶法可以通过简单的迭代方法求解，如二分法，可以在相对较少的求解步骤中达到收敛。

时，给协态变量赋一个任意初始值 λ_0，然后运行式（5-2）和式（5-3）定义的动态问题，同时在每一时刻求解式（5-6）的最小值。在优化域的终端，系统的状态值和协态值将会达到一个最终值，该值可能并不符合终端约束条件，在这种情况下，通过改变 λ 的初始值，重新对问题进行求解，直到找到合适的 λ_0^* 值，使得所得解符合所有的约束条件。

5.3　PMP 在 HEV 能量管理中的应用

无论是对状态量还是对控制量来说，在本章中，混合动力汽车的最优能量管理问题都是一个标量问题，即 $n=1$，$p=1$。系统的状态变量 SOC，必须约束在 SOC_{min} 和 SOC_{max} 范围内，因此可容许状态集为：$\Omega_{soc}(t)=[SOC_{min}, SOC_{max}]$。控制变量 $P_{batt}(t)$ 属于可容许控制集，$U_{batt}(t)=[P_{batt, min}(t), P_{batt, max}(t)]$。

在式（5-1）或式（5-10）中，哈密顿函数对时间的显式关系，可以转化为对驾驶员需求功率 P_{req} 的关系。因此，该混合动力汽车能量管理问题的哈密顿函数为

$$
\begin{aligned}
&H(SOC(t), P_{batt}(t), \lambda(t), P_{req}(t)) \\
&= \dot{m}_f(P_{batt}(t), P_{req}(t)) + (\lambda(t) + w(SOC))\dot{SOC}(t)
\end{aligned} \tag{5-14}
$$

其必要条件为

$$
P_{batt}^*(t) = \arg\min_{P_{batt}(t)\in U_{P_{batt}(t)}} H(P_{batt}(t), SOC(t), \lambda(t), P_{req}(t)) \tag{5-15}
$$

$$
\dot{SOC}^*(t) = f(SOC^*(t), P_{batt}^*(t)) \tag{5-16}
$$

$$
\begin{aligned}
\dot{\lambda}^*(t) &= -(\lambda^*(t) + w(SOC))\frac{\partial f}{\partial SOC}(SOC^*, P_{batt}^*) \\
&= h(SOC^*(t), P_{batt}^*(t), \lambda^*(t))
\end{aligned} \tag{5-17}
$$

$$
SOC(t_0) = SOC_0 \tag{5-18}
$$

$$
SOC^*(t_f) = SOC_{target} \tag{5-19}
$$

$$
SOC_{min} \leqslant SOC^*(t) \leqslant SOC_{max} \tag{5-20}
$$

式（5-16）和式（5-17）是两个关于变量 SOC 和 λ 的一阶微分方程。尽管

该两点边界值问题已经被完全定义，但由于其中一个边界值条件是在终止时刻定义的 $SOC^*(t_f)=SOC_{target}$，因此只能用迭代法进行数值求解。

根据图 5-1 所示的方案，通过打靶法可以得到 PMP 必要条件的解。

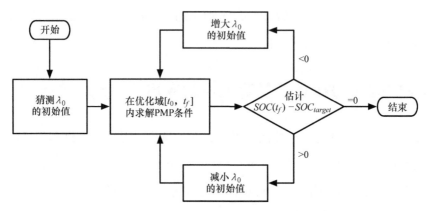

图 5-1　打靶法求解庞特里亚金极小值原理的迭代机制

在初始时刻，赋给 λ_0 一个初始值，在打靶法的每一次迭代过程中，在优化域 $[t_0, t_f]$ 内求解极小值原理条件，优化域通常对应于行驶工况的时长。在仿真结束时，将获得的 $SOC(t_f)$ 值与期望的 SOC_{target} 相比较。观测 $SOC(t_f)-SOC_{target}$ 值，调整 λ_0 的值，重复仿真过程，直至二者的差值达到期望值（即在预先定义的误差内，接近于零），算法结束。二分法可以在短时间内获得收敛性，使得极小值原理计算时间明显少于动态规划。

PMP 必要条件的实施过程可以参考图 5-2 所示的方案。在优化域 $[t_0, t_f]$ 内的每一时刻，对于给定的功率需求 P_{req}，建立并最小化哈密顿函数，得到最优控制变量 $P_{batt}^*(t)$，该值应用于系统状态和协态动态模块，计算下一步骤的荷电状态和协态变化。

值得注意的是，在标量协态方程（5-17）中，$\dfrac{\partial f}{\partial SOC}(SOC^*, P_{batt}^*)$ 可根据式（3-4）扩展如下

$$
\begin{aligned}
\frac{\partial f(SOC, P_{batt})}{\partial SOC} &= -\frac{1}{\eta_{coul}^{sign(I(t))} Q_{nom}} \frac{\partial I(V_{oc}(SOC), R_0(SOC), P_{batt})}{\partial SOC} \\
&= -\frac{1}{\eta_{coul}^{sign(I(t))} Q_{nom}} \left[\frac{\partial I}{\partial V_{oc}} \frac{\partial V_{oc}}{\partial SOC} + \frac{\partial I}{\partial R_0} \frac{\partial R_0}{\partial SOC} \right]
\end{aligned}
\tag{5-21}
$$

通常情况下，电池的 $V_{oc}(SOC)$、$R_0(SOC)$ 特性与电池本身相关，其对 SOC 的依赖性通常忽略不计。从而可认为

$$\frac{\partial f}{\partial SOC}(SOC^*, P_{batt}^*) \approx 0$$

因此，当最优控制在状态边界内运行时，协态方程（5-17）可以用 $\dot{\lambda} \approx 0$ 来近似表达。

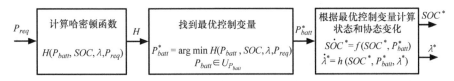

图 5-2　基于 PMP 的开环能量管理控制方案

上述事实表明，在用 PMP 解决混合动力汽车的能量管理问题时，协态值是一个常值，尽管不知道其大小，但是可以用前述的打靶法求解。

惩罚函数 $w(SOC)$ 是图 5-3 所示的分段函数，由式（5-22）给出

$$w(SOC) = \begin{cases} 0 & SOC_{min} < SOC < SOC_{max} \\ K & SOC < SOC_{min} \\ -K & SOC > SOC_{max} \end{cases} \tag{5-22}$$

常值 K 是在仿真迭代过程中反复试错获得的，以确保每当 SOC 达到下限 SOC_{min} 时，电池的使用成本变高，每当 SOC 达到上限 SOC_{max} 时，电池的使用成本变低。当 SOC 处于其允许使用的范围内时，惩罚函数不被激发，其所产生的瞬时成本为 0。

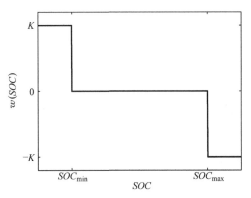

图 5-3　分段常值惩罚函数 $w(SOC)$

基于功率的 PMP 公式

为了更直接地解释哈密顿量而又不失去研究的一般性[⊖]，在原有的 PMP 公式中，可以用电化学能量变化 $E_{ech}(t)$ 取代 SOC 作为系统的状态变量，用与燃油质量流量相当的功率 P_{fuel} 取代燃油质量流量 $\dot{m}_f(t)$，作为式（3-13）中的瞬时成本 L。

首先，定义电池的电化学能量变化，在时间 $[t_0, t]$ 内电池的输出能量为

$$E_{ech}(t) = \int_{t_0}^{t} P_{ech}(t)\mathrm{d}t = \int_{t_0}^{t} V_{oc}(SOC)I(t)\mathrm{d}t \tag{5-23}$$

式中，$P_{ech}(t)$ 是电池的电化学功率，表示电池的有效充放电功率。

在电量维持型的混合动力汽车中，限制 SOC 的浮动会使得电池在恒定电压下工作，即 $V_{oc} \approx const = V_{oc,\,nom}$（电池的额定开路电压）。在此假设下，式（2-33）与式（5-23）可合并为

$$E_{ech}(t) = V_{oc,nom} \int_{t_0}^{t} I(t)\mathrm{d}t \tag{5-24}$$

$$= V_{oc,nom}Q_{nom}\eta_{coul}(SOC(t_0) - SOC(t)) \tag{5-25}$$

另一方面，与燃油流量相当的功率可以写为

$$P_{fuel}(t) = Q_{lhv}\dot{m}_f(t) \tag{5-26}$$

式（5-25）对时间求导，可得如下状态方程

$$P_{ech}(t) = \dot{E}_{ech}(t) = -\dot{SOC}(t)V_{oc,nom}Q_{nom}\eta_{coul} = V_{oc,nom}I(t) \tag{5-27}$$

哈密顿函数变为

$$H = P_{fuel}(t) + \lambda(t)P_{ech}(t) \tag{5-28}$$

或

$$H = P_{fuel}(t) + \big(\lambda(t) + w(SOC)\big)P_{ech}(t) \tag{5-29}$$

为了包含状态边界约束，式（5-28）可以解释为等效功率，其中 $\lambda(t)$ 代表将电量转化为等效燃油消耗的权重因子。与式（5-14）中以克为单位的 λ 相反，该 PMP 公式中的 λ 是一个无量纲因子。

⊖　也为了在第 6 章中进一步研究。

通过引入新的状态变量 $E_{ech}(t)$，协态 $\lambda(t)$ 演变为

$$\dot{\lambda}(t) = -\frac{\partial H}{\partial E_{ech}} = -(\lambda(t) + w(SOC))\frac{\partial P_{ech}}{\partial E_{ech}} \qquad （5\text{-}30）$$

由式（5-25）和式（5-27）可得到与原始公式中相同的协态方程（5-17）。

一般情况下，解的存在性和唯一性并不能被严格证明，但在一定程度上至少会有一个控制量序列使得燃油消耗最低，所以对于能量管理问题假设至少存在一个最优解是合理的。如果极小值原理只产生一个极值解，则此解可作为最优解；如果有多个极值解，对其进行比较（预估每个解对应的总成本），选择与最低总成本所对应的解。参考文献 [6] 指出在电池效率为常值的假设下，PMP的必要条件也具有充分性。

PMP 的仿真结果将在第 8 章具体讨论。

众所周知，PMP 解的最优性对协态的初始值具有很高敏感性 [5, 7]。图 5-4和图 5-5 所示为不同协态初始值下 SOC 的变化情况。增大 λ 的绝对值会导致整个行驶工况内 SOC 值的增加，反之亦然。对于每个行驶工况，都存在一个对应电量保持状态的协态值，从图 5-5 中可见的预测行为能够看出，利用迭代能够很容易找到该值。在第 8.2.4 节中详细讨论了一个搜索过程的数值示例。

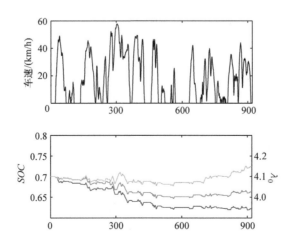

图 5-4　系统协态初始值对 SOC 变化的影响（仿真结果来自于第 8.2 节描述的案例研究，Artemis 城市工况）

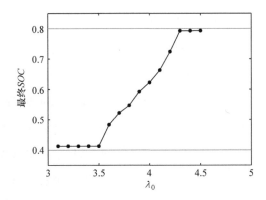

图 5-5　协态初始值对 *SOC* 终止值的影响（仿真结果来自于第 8.2 节描述的案例研究，Artemis 城市工况）

5.4　协态 λ 和累计成本函数

本节将定性讨论本章中阐述的 PMP 方法与第 4 章中的 DP 方法之间的关系。为此，我们采用了最优控制理论中的哈密顿 - 雅可比 - 贝尔曼（Hamilton–Jacobi–Bellman，HJB）偏微分方程。有兴趣的读者可以参考文献 [1, 8, 9] 学习 HJB 的数学公式推导过程。

HJB 方程的解是一个"值函数"，它对于一个给定的含有关联成本函数的动态系统，会给出一个最优的累计成本。相应的离散方程是第 4 章提出的 Bellman 方程。

由变分法理论 [8, 9] 可知，如果最优控制问题得到解决，且成本函数的最优解 J^* 已知，则可以确定从初始状态 x_0 到最终状态 x_f 的最优状态轨迹。为简单起见，我们只讨论 $n=1$，$p=1$ 的简单情况。

基于贝尔曼最优性原理 [1]，可以推导出 HJB 方程，在最优轨迹上，有以下方程成立

$$-\frac{\partial J^*}{\partial t} = \min_{u(t)}[\dot{L}(x,u) + \frac{\partial J^*}{\partial x} f(x,u)] \tag{5-31}$$

根据式（5-31），沿最优轨迹可以建立 HJB 与 PMP 之间的关系。如果最小化问题已被解决，即最优的成本函数 $J^*(x)$ 被找到后，则可获得最优状态轨

迹 [10]。

沿着最优轨迹 x^*，$J^*(x)$ 关于 x 的偏导数为

$$\lambda^*(t) = \frac{\partial J^*}{\partial x}\Big|_{x^*} \qquad (5\text{-}32)$$

因此，假设最小化问题已被解决（如通过 DP）并且 $J^*(x)$ 已知，也就定义了状态 $x^*(t)$ 和协态 $\lambda^*(t)$ 的最优轨迹。

作为将上述讨论应用于 HEV 的一个案例（在文献 [10] 中首次被提出），图 5-6 所示为 DP 求解的结果，给出了由 DP 获取的累计成本 MAP 和最优 SOC 轨迹。图 5-7 所示的是在整个时域内通过式（5-32）求解得到的协态值。为更清晰地展示协态值与系统状态（这里为 SOC）的关系，图 5-8 所示为图 5-7 中几个时刻下的曲面剖面。

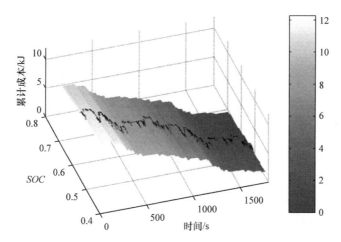

图 5-6　第 8.2 节中案例研究中计算得到的成本 $J^*(x, t)$ 和 SOC 叠加的最优轨迹

图 5-9 所示为状态和协态的最优轨迹，同时也包含了用 PMP 计算的值（使用常值近似，其值可以用打靶法选取）。显然，从 DP 计算出的协态值确实近似恒定，并且与 PMP 获得的恒定值吻合；用这两种方法计算的最佳 SOC 轨迹也比较类似。在这两种情况下，SOC 和 λ 的差异是由数值离散效应导致的。

这说明了 DP 和 PMP 的等价性，通过搜索最优协态，利用 PMP 可获得离线的最优解。

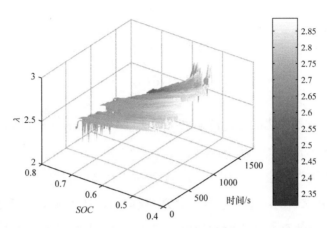

图 5-7　对于章节 8.2 定义的问题，通过将式（5-32）应用到图 5-6 中的累计成本函数 $J^*(x, t)$ 计算出的协态 $\lambda^*(x, t)$

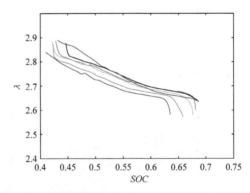

图 5-8　为展示 λ 与 SOC 的关联，从图 5-7 中随机选取的几组 (SOC, λ) 剖面

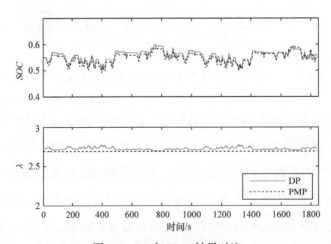

图 5-9　DP 与 PMP 结果对比

参考文献

[1]　D. Bertsekas, *Dynamic Programming and Optimal Control* (Athena Scientific, Belmont, 1995)

[2]　A. Bryson, *Dynamic Optimization* (Addison Wesley Longman, Menlo Park, 1999)

[3]　L. Pontryagin, V. Boltyanskii, R. Gamkrelidze, E. Mishchenko, *The Mathematical Theory of Optimal Processes* (Inderscience Publishers, New York, 1962)

[4]　H. Sussmann, J. Willems, 300 years of optimal control: from the brachystochrone to the maximum principle. IEEE Control Syst. Mag. **17**(3), 32–44 (1997)

[5]　H.P. Geering, *Optimal Control with Engineering Applications* (Springer, Heidelberg, 2007)

[6]　N. Kim, S.W. Cha, H. Peng, Optimal equivalent fuel consumption for hybrid electric vehicles. IEEE Trans. Control Syst. Technol. **20**(3), 817–825 (2012)

[7]　A. Bryson J. Optimal control: 1950–1985. IEEE Control Syst. Mag. **16**(3), 26–33 (1996)

[8]　D. Kirk, *Optimal Control Theory. An Introduction* (Prentice-Hall, Upper Saddle River, 1970)

[9]　M. Athans, P. Falb, *Optimal Control*. (McGraw-Hill, New York, 1966)

[10]　D. Ambühl, A. Sciarretta, C. Onder, L. Guzzella, S. Sterzing, K. Mann, D. Kraft, M. Küsell, A causal operation strategy for hybrid electric vehicles based on optimal control theory, in *Proceedings of the 4th Symposium on Hybrid Vehicles and Energy Management* (2007)

第 6 章 CHAPTER 6
等效油耗最小策略

6.1 简介

等效油耗最小策略（Equivalent Consumption Minimization Strategy, ECMS）是解决前面章节中定义的最优控制问题的一种启发式方法，能够为 HEV 能量管理问题提供一种有效的解决方案。虽然从时间上来讲，ECMS 方案早于前面几个章节所提出的优化方案，不过 ECMS 与正式的最优控制解决方案之间联系紧密，这一点将很快变得显而易见，因此我们选择在本章进行介绍。作为一种简化第 3.4.1 节定义的全局最小化问题的方法，1999 年，ECMS 首次被 Paganelli 引入到瞬时最小化问题中[1]，只需对动力系统中的实际能量流进行论证，即可求得每一瞬时的最优解。

HEV 能量管理领域的最新研究表明，第 5 章提出的庞特里亚金极小值原理条件，在本质上与 ECMS 方法是等价的，等价性分析将在本章的最后一节进行讨论。

6.2 基于 ECMS 的监督控制

ECMS 基于这样一种概念，即在电量维持型的混合动力汽车中，电池的初始 SOC 值和最终 SOC 值之间的差异非常小，相对于所使用的总能量可以忽略不计。这意味着电能存储系统仅作为能量缓冲器：最终所有的能量消耗均来自燃油，动力电池可以被看成可逆的辅助油箱，动力电池在放电阶段所使用的电量，必须在将来的某个阶段由发动机消耗燃油，或者经过制动回收能量进行补充。

在给定的系统运行工作点，存在以下两种情况：

1）当前时刻动力电池输出功率为正（放电情况）：这意味着消耗的电能需要在将来的某个工作点通过消耗额外的燃油给予补偿。将动力电池补充到所需能量状态需要多少燃油取决于两个因素：①电池在充电时发动机的工作状态；②通过再生制动可以回收多少能量。这两个因素反过来取决于车辆负载，即行驶工况。

2）当前动力电池输出功率为负（充电情况）：所存储的电能将用于减轻满足车辆道路负载所需的发动机负荷，这也意味着将节省瞬时油耗。同样，对于充当燃油能量替代的电能，其使用情况也取决于行驶工况施加的负载。

ECMS 方法的基本原理是将一部分能耗成本分配给电能，使得电能的使用相当于使用（或节约）了一定量的燃油。显然这部分成本是未知的，因为它取决于未来的车辆行为，研究表明，从广义上讲，该成本可能与驾驶条件有关（例如，城市工况与高速工况）。

ECMS 的控制原理如图 6-1 所示，图中只涉及了并联混合动力汽车，但是该原理同样可以应用于串联式混合动力汽车 —— 唯一的区别是功率求和节点的位置不同。

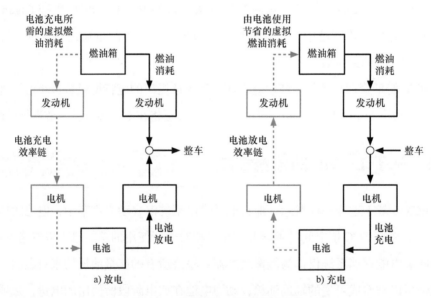

图 6-1　并联 HEV 的能量路径 [2]

注：实际上，在执行 ECMS 时，存储电能的使用量以化学燃油消耗单位（g/s）计量，以便电力成本能够以等效燃油消耗定义。

在放电情况下（图 6-1a），电机提供机械能。虚线路径与未来所用电能的回收相关。当然，充电的工作点是无法预测的，因此应该设定一个近似平均效率。在充电情况下（图 6-1b），电机将接收的机械能转换成电池中存储的电能。虚线路径与这部分电能在未来某时刻产生机械能的过程相关。电机接收的这部分机械能不一定由发动机产生，相关差额可当成燃油的节省量。在这种情况下，电机的等效燃油量为负值。

ECMS 的关键思想是，在充放电过程中，等效燃油消耗可以与电能的使用联系起来[3]。未来（或过去）某时刻的电能等效燃油消耗量 $\dot{m}_{ress}(t)$ (g/s) 可归结到当前实际燃油消耗量——燃油质量流量 $\dot{m}_f(t)$ (g/s)，以获得瞬时等效燃油消耗量 $\dot{m}_{f,\,eqv}(t)$，计算方法如下

$$\dot{m}_{f,\,eqv}(t) = \dot{m}_f(t) + \dot{m}_{ress}(t) \tag{6-1}$$

通过与消耗实际燃油的发动机类比，瞬时燃油消耗量被定义为

$$\dot{m}_f(t) = \frac{P_{eng}(t)}{\eta_{eng}(t)Q_{lhv}}$$

式中，Q_{lhv} 是燃油低热值，即单位质量的燃油所含的可利用能量 (MJ/kg)；$\eta_{eng}(t)$ 是发动机工作效率；$P_{eng}(t)$ 是发动机以一定效率运行时产生的功率。

电机消耗的虚拟燃油量为

$$\dot{m}_{ress}(t) = sfc_{eq}(t)P_{batt}(t)$$

虚拟燃油消耗可以通过使用虚拟特定燃油消耗 $sfc_{eq}(t)$ (g/(kW·h)) 来评估。无论电池处于充电状态还是放电状态，虚拟特定燃油消耗始终与等效因子 $s(t)$ 成正比

$$\dot{m}_{ress}(t) = \frac{s(t)}{Q_{lhv}}P_{batt}(t)$$

等效因子 $s(t)$ 是一个矢量值，包含用于充电和放电的两个元素，即 $s(t)=[s_{chg}(t), s_{dis}(t)]$，其作用是为电能的使用分配一定的成本，将电能转化为等效的燃料消耗。

实际上，等效因子 $s(t)$ 代表燃油转化为电能的效率链，也是电能转化为等效油耗的效率链，因此，它会随着动力系统的运行条件而改变。在 ECMS 的初始公式中，等效因子是一个常数，或者说是一组常数，可以理解为特定行驶工况下电路径（对应于电池的两种工作模式，充电和放电）的平均总体效率。

虚拟燃油质量流量可以为正也可以为负，正负号取决于 $P_{batt}(t)$ 的符号（即电池的充电或放电状态），因而会使式（6-1）中的等效燃油消耗量低于或高于实际的燃油消耗。

文献 [4] 通过使用 ECMS，将总成本最小化的全局问题简化为 $\dot{m}_{f,\,eqv}(t)$ 最小化的局部（瞬时）问题：

$$Global = \begin{cases} \min_{P_{batt}(t) \in U_{P_{batt}}} \int_{t_0}^{t_f} \dot{m}_f(t)\mathrm{d}t \\ SOC_{\min} \leqslant SOC \leqslant SOC_{\max} \end{cases}$$

$$\Downarrow \qquad\qquad (6\text{-}2)$$

$$Local = \begin{cases} \int_{t_0}^{t_f} \min_{P_{batt}(t) \in U_{P_{batt}}} \dot{m}_{f,\,eqv}(t)\mathrm{d}t \\ SOC_{\min} \leqslant SOC \leqslant SOC_{\max} \end{cases}$$

在系统运行的每一时刻，利用式（6-1）计算等效燃油消耗时，可以得到控制变量 $P_{batt}(t)$ 的多个候选值，选择使等效燃油消耗最小的值作为优化结果。

如图 6-2 所示，ECMS 的实施必须执行以下几个步骤：

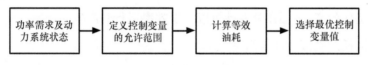

图 6-2　ECMS 算法流程图

1）根据 $P_{req}, \omega_{eng}, \omega_{em}, SOC\cdots\cdots$ 给出的系统状态，确定满足瞬时约束（功率、转矩、电流限制）的控制范围 $[P_{batt,\min}(t), \cdots, P_{batt,\max}(t)]$。

2）将区间 $[P_{batt,\min}(t), \cdots, P_{batt,\max}(t)]$ 离散成有限数量的控制量候选值。

3）计算每个控制参数对应的等效燃油消耗量 $\dot{m}_{f,\,eqv}(t)$。

4）选择使 $\dot{m}_{f,\,eqv}(t)$ 最小化的控制量 $P_{batt}(t)$。

步骤 1）~4）在行驶工况的整个周期的每一时刻顺序执行。

结果显示，这种方法非常接近全局最优解，而且在计算上瞬时最小化问题比动态规划求解全局问题时的要求更低，由于不（明确）依赖关于未来驾驶条件的信息，它更适用于真实情况。

充电等效因子 s_{chg} 和放电等效因子 s_{dis} 的值必须事先进行选择，在实际应用中，只要给定一个 $s(t)$ 值，就可以预先计算满足车辆动力（或转矩）需求的电机和发动机的耦合功率（或耦合转矩），同时使瞬时等效燃油消耗最小。

等效因子的取值会影响车辆油耗与电池 SOC 的变化趋势，如何根据给定的驾驶条件选择合适的 s_{chg} 和 s_{dis} 值来确保最优解是 ECMS 研究的挑战。

显然，等效燃油消耗的概念与等效因子如何赋值相关。等效因子代表发动机和 RESS 在过去、现在和未来时刻的效率，其值会同时影响电量的维持性和控制策略的有效性：如果等效因子选取太大，则过高的成本附加于电能的使用，从而不能充分发挥混合动力系统的潜能；如果等效因子选取过小，则会相反，RESS 中储存的电量会过早耗尽（失去电量维持性）。

充放电等效因子对 SOC 变化和燃油消耗的影响如图 6-3 所示。

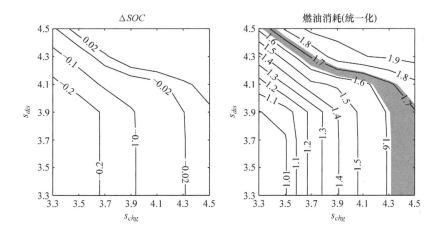

图 6-3 充放电等效因子对 SOC 变化和燃油消耗（关于最小值的统一化结果）的影响

注：燃油消耗图中的阴影区域对应于电量维持解决方案，其中在工况循环结束时，$|\Delta SOC| < 0.02$。仿真结果由 8.2 节中的 Artemis Urban 行驶工况案例研究获得。

状态约束与电量维持的惩罚函数

在执行 ECMS 时，通常使用惩罚函数来保证 SOC 值不超过容许范围，即 $SOC_{min} \leqslant SOC \leqslant SOC_{max}$。由此，通过构造适当的惩罚函数 $p(SOC)$ 来修正式（6-1），如式（6-3）所示

$$\dot{m}_{f,\ eqv}(t) = \dot{m}_f(t) + \frac{s(t)}{Q_{lhv}} P_{batt}(t) p(SOC) \qquad （6-3）$$

如图 6-4 所示，瞬时等效成本中使用的乘法罚函数是一个校正函数，该函

数根据式（6-4）考虑了当前 $SOC(t)$ 与目标 SOC 值 SOC_{target} 的偏差

$$p(SOC) = 1 - \left(\frac{SOC(t) - SOC_{target}}{SOC_{max} - SOC_{min}} \right)^a \qquad (6\text{-}4)$$

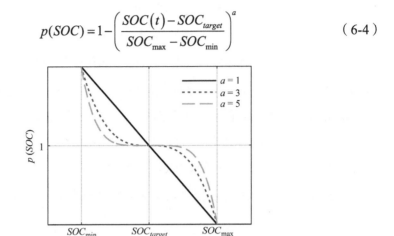

图 6-4　ECMS 中用于校正 SOC 偏差的乘法罚函数在不同指数下的函数值

注：惩罚函数对实现电池 SOC 的可靠在线估计起着关键作用。

　　如果 SOC 处于目标值 SOC_{target}，则惩罚函数值假设为单位 1。但是真实数值会发生变化（更高或更低），以适当地补偿 SOC 与 SOC_{target} 的偏差。实际上，当 $SOC > SOC_{target}$ 时，$p(SOC) < 1$，电池能量承担较低的成本，所以当 SOC 高于参考值时电池偏向于放电。当 $SOC < SOC_{target}$ 时，$p(SOC) > 1$：在这种情况下，电池能量的成本增加，以降低其放电的可能性。

　　文献 [5-7] 已经表明，通过使用两个等效因子 s 获得的结果与使用 DP 获得的结果相当。放电时使用的等效因子（s_{chg}）和充电时使用的等效因子（s_{dis}），在同一行驶工况下都是常量。而在不同行驶工况下，s_{chg} 和 s_{dis} 所对应的值也是不同的。如果行驶工况已知，可以通过数值优化过程来获得等效因子的值。因此，在理想条件下（已知行驶工况的仿真），通过执行 ECMS 获得的结果十分接近最优结果。然而，由于该策略对等效因子非常敏感，因此只有在与获得等效因子相似的行驶工况下，控制才能起到良好效果。这意味着，尽管 ECMS 是"瞬时"的方案，但仍隐含地依赖于关于未来驾驶条件的一些信息。如果这些信息是错误的，即如果车辆的行驶工况明显不同于策略调整对应的行驶工况，控制仍然有效，但结果可能达不到预期效果。

6.3　PMP 与 ECMS 的等价性

ECMS 的思想源于工程直觉，但可以使用庞特里亚金极小值原理对等效燃油消耗进行分析推导。在基于功率的 PMP 公式（第 5.3.1 节）中，哈密顿函数为

$$H = P_{fuel}(t) + \lambda(t)P_{ech}(t) \tag{6-5}$$

如果以功率的形式重写 ECMS 中的式（6-1）[或式（6-3）]，将所有项乘以 Q_{lhv}，则瞬时成本变为

$$P_{eqv}(t) = P_{fuel}(t) + s(t)P_{batt}(t) \tag{6-6}$$

可见，式（6-5）和式（6-6）之间有明显的相似性，展示了如何将优化问题的哈密尔顿量 H 视为等效燃油消耗，或更恰当地说，是视为一个等效燃油功率，其中 $\lambda(t)$ 是将电池功率转换为燃料功率的权重因子。

式（6-6）中的电池功率 P_{batt} 表示在电池端子处的净电功率，而式（6-5）中的 P_{ech} 表示电化学功率，即与有效 SOC 变化相关的功率。如果假定 P_{ech} 与电功率之间的关系可以用电池充 / 放电效率 η_{batt} 表示，则有

$$P_{ech}(SOC(t), P_{batt}(t)) = \begin{cases} \dfrac{P_{batt}(t)}{\eta_{batt}(SOC, P_{batt})} & P_{batt} \geqslant 0\text{（放电状态）} \\ \eta_{batt}(SOC, P_{batt})P_{batt}(t) & P_{batt} < 0\text{（充电状态）} \end{cases} \tag{6-7}$$

因此，如果式（6-6）中的等效因子与协态 $\lambda(t)$ 有如下关联[8]，则哈密尔顿函数（6-5）和 ECMS 瞬时成本（6-6）之间具有等价关系

$$s_{chg}(t) = \lambda(t)\eta_{batt} \tag{6-8}$$

$$s_{dis}(t) = \frac{\lambda(t)}{\eta_{batt}} \tag{6-9}$$

由此可见下式也成立

$$s_{chg}(t) = \eta_{batt}^2 s_{dis}(t) \tag{6-10}$$

由于此形式基于 PMP，则不需要多个等效因子，因为在求 P_{ech} 值时，隐含地考虑了运行条件之间的效率差异。由式（6-5）得到的等效瞬时燃油消耗可以

在线使用，也可以离线使用。在实施中，通过迭代搜索（打靶法）寻找满足所有约束的 λ 最优值。在 t_f 时刻（图 6-5），由于协态值与 SOC 值之间存在直接的一对一关系，为迭代搜索提供了可能。

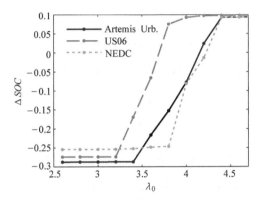

图 6-5   不同行驶工况下 λ_0 对总体 SOC 变化 $\Delta SOC=SOC(t_f)-SOC(t_0)$ 的影响

注：仿真结果基于 8.2 节的案例研究，并假设协态值为定值。

在在线执行过程中，λ_0 不是已知的先验值，其值可基于测量数据进行在线调整来优化控制行为，这是下一章讨论的主题。

6.4   考虑 SOC 变化的燃油消耗量修正

电池能量和燃油之间的等效概念对于 HEV 燃油消耗的分析也是有用的。事实上，在实际的实施过程中，最终的 SOC 可能不会达到目标值。因此，为了客观地评价燃油消耗结果，通常情况下，通过计算电池中的净能量变化量来校正实际燃油消耗值，即始终将结果恢复到理想的电量维持状态。其原理如图 6-6 所示，图中给出了三种不同工况下，从行驶

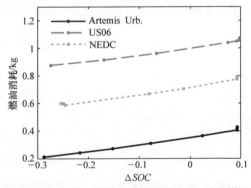

图 6-6   在图 6-5 行驶工况下最终 SOC 对总燃油消耗的影响

周期开始到结束时的总燃油消耗量与 SOC 变化值的函数关系。

不难发现，SOC 最终值和燃油消耗之间具有线性相关性，可用线性表达式近似表示为

$$m_f \approx m_{f,0} + \sigma \Delta SOC \qquad (6\text{-}11)$$

式中，m_f 是实际燃油消耗；$m_{f,0}$ 是 SOC 变化为零时对应的油耗值；σ 是 ΔSOC 转化为相应燃油量的曲线拟合系数。

基于这一论据，可以通过将实际燃油消耗增加一个取决于 SOC 变化的项对燃油消耗进行修正，以获得电量维持的燃油消耗

$$m_{f,0} = m_f - \sigma \Delta SOC \qquad (6\text{-}12)$$

σ 的物理意义与 ECMS 的等效因子或 PMP 的协态类似，如果式（6-11）中燃油消耗和 SOC 变化项写成燃油能量（E_f）和电池能量（E_{ech}）的形式，这种相似性更加明显

$$E_f = Q_{lhv} m_f \approx E_{f,0} + \bar{\sigma} \Delta E_{ech} \qquad (6\text{-}13)$$

然而不同的是，σ 适用于积分测量（能量或燃油消耗），而 s 或 λ 则适用于瞬时功率值。由此，它们的值通常是不同的，但可以进行比较。从图 6-5 曲线提取的 σ 值和同一工况下利用二分法获得的 λ_0 值的比较见表 6-1。

表 6-1 在图 6-5 中线性区域拟合曲线计算出的因子 σ、式（6-11）中所获得的其无量纲值以及同一工况下利用二分法获得的最优 λ_0 值比较表

行驶工况	$m_{f,0}$/kg	σ/kg	$\bar{\sigma} = \sigma \dfrac{Q_{lhv}}{E_{batt}}$	λ_0
Artemis Urb.	0.349	0.486	3.65	4.15
US 06	1.069	0.483	3.63	3.65
NEDC	0.679	0.472	3.55	4.21

注：表中还记录了电量维持燃油消耗 $m_{f,0}$。

6.5 历史记录：ECMS 实现的最初案例之一

为了说明 ECMS 的实际应用，我们简要介绍其在 "Future Truck 2000" 先

进车辆技术竞赛中的实施情况，这次技术竞赛由美国能源部和通用汽车公司联合举办，作为技术竞赛的一部分，在 2000 年 6 月份的比赛中，一组师生团队展示了 2000 年款雪佛兰 Suburban SUV 混合动力汽车，图 6-7 所示为该汽车在亚利桑那州 GM 沙漠试验场的试验场景。该车的原动力系统被双轴并联式混合动力系统取代，如图 6-8 所示，该动力系统由一个 2.5L CIDI 发动机（菲亚特）和一个总功率为 155kW（210 马力）的电机（西门子）组成，并通过 5 速 GM 自动变速器联结到动力传动系统。改装后的 SUV 使用执行 ECMS 的监督控制器，实现了燃油经济性的显

图 6-7　2000 年 6 月在通用汽车沙漠试验场上的 OSU Future Truck 2000

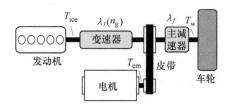

图 6-8　OSU Future Truck 2000 并联混合动力系统原理图[4]

著提高，同时保留了原车的大部分性能特征。车辆控制系统架构基于 ETAS ES-1000 监督控制器，该监督控制器将 ECMS 策略选择的设定值传送到发动机控制单元（Bosch ECU）、电驱动器（Ford-Ecostar）、牵引逆变器模块（Ford-Ecostar Traction Inverter Module, TIM）和变速器控制器（GM PCM）。此外，还开发了专用的电池接口电路，用于电池管理系统和监控器之间的通信。能量储存系统则是由铅酸电池（Hawker Genesis）组成的 324V、8kW·h 的电池组。

　　为了在计算上以可行的方式执行 ECMS[4, 9]，等效因子被假定为常数，在网格中整个电机运行点范围内计算电机的等效燃油成本。发动机的化学燃油成本可从发动机制动比油耗图中获知，从而在特定的 s 值下，能够计算出使瞬时燃油消耗最小的 EM 和 ICE 的耦合转矩（与车轮相关）。这一过程通过离线方式来计算离散网格上所有的可行解，并选择出使总燃油成本最低的耦合转矩。如图 6-9 所示的 MAP 图显示了 EM（类似于发动机 MAP 图）在车轮不同转速下

的最佳（使总燃油成本最小）转矩分配。对于不同的 s 值可以重复该计算过程，本节以城市工况和高速公路工况为例进行说明。为了确保 SOC 的维持性能，并将 SOC 保持在其目标范围内，采用了图 6-4 所示的惩罚函数。对于 Future Truck2000，目标是将 SOC 保持在 60%~80%。

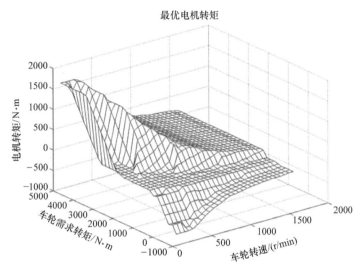

图 6-9　与车轮相关的电机最优转矩 MAP 图 [4]

图 6-10 所示为 2000 年 8 月在俄亥俄州哥伦布市实际交通条件下进行的 22.36mile（1mile=1.609344km）、46min 的驾驶里程，包含了高速公路和城市工况。该车辆处于全自动混合模式，嵌入了上述的监督控制方案。控制系统的输入只有加速踏板和制动踏板的位置信号。对于此次测试，测试初始条件是发动机处于冷起动状态，电池组为完全充电状态。

如图 6-10 所示，t=950s 的垂线代表高速公路工况与城市工况之间的边界。选择此边界的目的是使两部分速度统计数据分别趋近于美国标准城市工况和高速公行驶工况。事实上，高速公路部分的行驶速度比美国标准 FHDS 工况略高。应注意的是，除了初始电池状态，SOC 值都保持在电量维持运行策略中指定的 60%~80% 目标范围内。在每次起动时，电池 SOC 处于该期望频带之外（完全充电状态），控制策略自动偏向于电机的使用，直到 SOC 处于目标范围内。

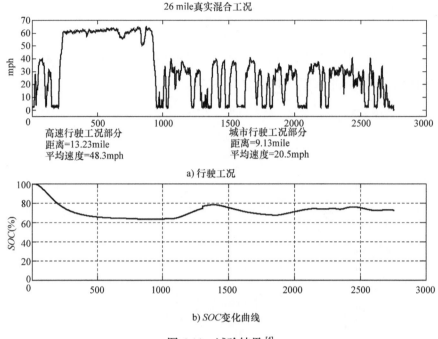

图 6-10　试验结果 [4]

　　考虑到行程开始和结束时的 *SOC* 差异，对行驶的燃油经济性数据进行了修正。高速工况部分的燃油经济性接近 27mi/gal（8.8L/100km），城市工况的燃油经济性则为 19.7mi/gal（12L/100km）。整个行程的总体燃油经济性为 23.4mi/gal（10.1L/100km）。使用 45% 和 55% 的权重分别对高速工况和城市工况部分进行加权平均，计算得到的总体燃油效率为 23mi/gal（10.3L/100km）。考虑柴油和汽油的密度和热值差异，汽油当量平均燃油经济性为 21.2mi/gal（11.2L/100km），这是装配 5.3L 汽油发动机的原 Suburban 车型燃油经济性的 1.5 倍，混合动力系统从油箱到车轮的总体效率接近于 33%。

参考文献

[1] G. Paganelli, Conception et commande d'une chaîne de traction pour véhicule hybride parallèle thermique et électrique. Ph.D. dissertation, Université de Valenciennes, Valenciennes (1999)
[2] G. Paganelli, T. Guerra, S. Delprat, J. Santin, M. Delhom, E. Combes, Simulation and assessment of power control strategies for a parallel hybrid car. Proc. Inst. Mech. Eng. Part D: J. Automob. Eng. **214**(7), 705–717 (2000)

[3] G. Paganelli, G. Ercole, A. Brahma, Y. Guezennec, G. Rizzoni, A general formulation for the instantaneous control of the power split in charge-sustaining hybrid electric vehicles, in *Proceedings of 5th International Symposium on Advanced Vehicle Control*, Ann Arbor (2000)

[4] G. Paganelli, G. Ercole, A. Brahma, Y. Guezennec, G. Rizzoni, General supervisory control policy for the energy optimization of charge-sustaining hybrid electric vehicles. JSAE Rev. **22**(4), 511–518 (2001)

[5] A. Sciarretta, M. Back, L. Guzzella, Optimal control of parallel hybrid electric vehicles. IEEE Trans. Control Syst. Technol. **12**(3), 352–363 (2004)

[6] C. Musardo, G. Rizzoni, Y. Guezennec, B. Staccia, A-ECMS: an adaptive algorithm for hybrid electric vehicle energy management. Eur. J. Control **11**(4–5), 509–524 (2005)

[7] C. Musardo, B. Staccia, Energy management strategies for hybrid electric vehicles. Master's thesis, Politecnico di Milano (2003)

[8] L. Serrao, S. Onori, G. Rizzoni, ECMS as a realization of Pontryagin's minimum principle for HEV control, in *Proceedings of the 2009 Conference on American Control Conference* (2009), pp. 3964–3969

[9] G. Paganelli, M. Tateno, A. Brahma, G. Rizzoni, Y. Guezennec, Control development for a hybrid-electric sport-utility vehicle: strategy, implementation and field test results, in *Proceedings of 2001 American Control Conference* (2001)

第7章 CHAPTER 7
自适应优化监督控制方法

7.1 简介

设计一种可实时控制的策略来解决混合动力汽车的能量管理问题，并获得近似最优的解决方案，是近十年来广泛研究的课题。第 5 章和第 6 章中提到的基于瞬时最小化的 PMP 和 ECMS 控制策略，只要行驶工况完全已知，就能够保证结果的最优性。PMP（ECMS）控制策略的最大的挑战在于选择最合适的 λ_0（或 $[s_{ch}, s_{dis}]$）值，来保证任意给定行驶工况下的结果都具有最优性和电量维持性[⊖]。

在无法预知行驶工况时，如果能够根据驾驶条件的变化来适当估计 PMP 协态，那么可将 PMP 置于次优的在线求解方案行列。随着驾驶场景的变化，在线更新协态的过程称为协态自适应，相对应的通用监督控制器称为自适应最优监督控制器。

文献中，属于这一类的方法称为自适应 PMP（Adaptive-PMP，A-PMP）或自适应 ECMS（Adaptive-ECMS，A-ECMS）策略[⊖]。

本章首先回顾了关于 A-ECMS 方法的研究成果及该方法的优点，重点分析了使用荷电状态反馈机制来执行协态自适应的方法。

7.2 自适应监督控制方法综述

在 PMP-ECMS 的关系被理解之前，过去十年提出的自适应监督控制方法

⊖ 鉴于两种策略的等价性在第 6 章已经给出，在本章的后续部分对 ECMS 和 PMP 没有进行区分，我们就 PMP 开展了自适应方法研究，但对 ECMS 也同样适用。

⊖ 在某些情况下[1]，带有最优协态的 PMP 被视为极值原理的离线执行过程，基于 λ 自适应的 ECMS 被视为 PMP 在线执行过程。

旨在根据驾驶任务适当地更新 $[s_{ch},\ s_{dis}]$ 的值，将 ECMS 作为在线优化策略。具体而言，A-ECMS 自适应方案主要分为两类：基于行驶工况预测的自适应和基于驾驶模式识别的自适应。

在形式化 ECMS 和 PMP 之间的等价性，并且给出了 ECMS 可作为 PMP 计算的最优解的解释之后（参见第 6.3 节，文献 [2-4]），可以理解，在线优化过程中只有一个参数必须进行调节，例如协态 λ。我们把依赖于哈密顿函数的瞬时最小化，或将 $\lambda(t)$ 作为单个控制参数的自适应监督控制方法，统称为 A-PMP 方法。执行参数自适应的机制被归为完全基于 SOC 反馈的自适应。

注意：以下内容并不意味着对适应性策略的优点进行了详尽评述。只提及了该策略的开创性工作。过去几年，关于这一主题的文献数量很多，不可能全部提及。

7.2.1　基于行驶工况预测的自适应

这类方法潜在的执行原理是：没有未来行驶工况的先验信息，就不能保证最佳的燃油经济性。因此，这类算法旨在采用一种方法对未来信息进行估计，为 ECMS 控制模块提供较为合适的等效因子。在文献 [5-8] 描述的早期方法中，提出了一种实时能量管理策略。该策略在 ECMS 模块中添加了用于估计等价因子的实时算法，根据对驾驶条件的估计，对等效因子 s_{ch} 和 s_{dis} 进行在线和周期性的计算和优化。

因此，ECMS 模块增加了一个能够关联控制参数 $s(t)$ 和当前车速的装置。图 7-1a 所示为 A-ECMS 控制图：由速度预测器给出驾驶任务识别，识别结果被当作自适应模块的输入，然后通过窗口优化找到等效因子的最佳值。

为了缩短计算时间，针对实时应用，文献 [8] 提出了一种简化方法，即采用一个等效因子来近似反映充电和放电两个过程。

A-ECMS 的优化性能略低于在完全已知行驶工况下进行调整的标准 ECMS，但总的来说，结果非常好，而且最重要的是，可在现实中进行实际应用（如果有足够的计算能力）。

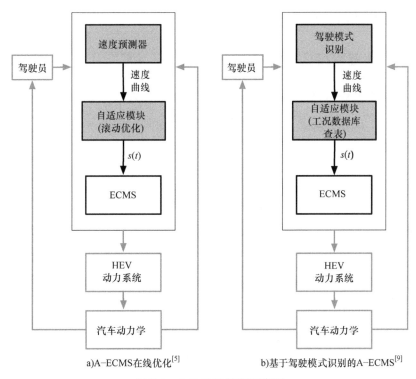

a)A-ECMS在线优化[5]　　　　　　　b)基于驾驶模式识别的A-ECMS[9]

图 7-1　A-ECMS 控制示意图

在文献 [10] 中，A-ECMS 策略是基于速度预测的。等效因子根据车轮处所定义能量的预估范围进行在线估计，在每个瞬时确定将来时刻系统最可能的行为（充电或放电）。

在文献 [11] 中，作者提出了一种类似于文献 [6] 的自适应方案，该方案将预测参考信号发生器（pre-dictive Reference Signal Generator，pRSG）和基于 SOC 跟踪的控制器相结合。pRSG 根据车辆位置计算期望的电池 SOC 轨迹，以便在电池荷电状态受到限制的情况下，使回收能量最大化。为了计算 SOC 参考轨迹，必须获知未来路段的地形轮廓和相应的平均行驶速度。

文献 [12] 中，作者使用基于模型预测控制（Model Predictive Control，MPC）的策略，利用智能交通系统（Intelligent Transport System，ITS）获得的信息来建立基于预测的实时控制器框架。采用一个恒定的参考 SOC，将文献 [6] 中的 A-ECMS 和基于未来转矩需求预测的 MPC 控制器进行比较，结果显示两个控制器的性能非常相似。

7.2.2 基于驾驶模式识别的自适应

具有相似统计特征的行驶工况，其等效因子也近似。基于这一事实，在开发基于行驶工况预测的自适应监督控制方案的同时，另外一种可替代的自适应方案也被提出。

文献 [13] 开发了一种基于驾驶模式识别的多模式驾驶控制算法，并将其应用在了并联混合动力汽车上。多模式驾驶控制被定义为：将当前驾驶控制算法切换到已识别驾驶模式的优化算法中的控制策略。该研究选择了六种具有代表性的驾驶模式，包括三种城市驾驶模式、一种高速公路驾驶模式和两种郊区驾驶模式。利用 24 个参数来表征驾驶模式，如平均循环速度、正加速度、动能、停止时间 / 总时间，平均加速度和平均坡度。

文献 [14] 和文献 [9] 提出了一种基于驾驶模式识别的 A-ECMS 方法，以在不同的驾驶条件下获得更好的等效因子估计。模式识别算法首先识别车辆当前的驾驶状态，然后从一个预定义的集合中选择最合适的等效因子。针对几种行驶工况类型（城市、高速工况等），对 s 值进行预计算，并将其存储在存储器中（等效因子数据库中）；在车辆行驶期间，自适应算法使用过去和当前的驾驶条件来确定当前行驶工况类型，从而选择适当的等效因子，控制方案如图 7-1b 所示。

车辆行驶中，驾驶模式识别模块周期性地分析过去驾驶状况的时间窗，并将其识别为代表性驾驶模式之一。然后，自适应模块根据所识别的驾驶模式从等效因子数据库中选择较为合适的 $s(t)$ 值，并且使用该值执行 ECMS 过程。

7.3 基于 *SOC* 反馈的自适应

基于 *SOC* 反馈的自适应最优监督控制方法 [15-17]，依据动态改变当前协态值的思想（不使用过去的驾驶信息和预测未来的驾驶行为），通过对比 *SOC* 变化，将 *SOC* 值保持在参考值附近。在上述方法中，*SOC* 的参考值被认为是恒定

的 [1,18-19]。

使用单参数而非双参数来执行自适应方法的方式，可以降低设计和校准的复杂度。

从概念上讲，这些方法的不同之处在于，文献 [15, 16] 采取在每一瞬时更新等效因子的方法，而文献 [17] 依赖于电量维持层面的概念，在有限的时域内实现电量的可持续性。这些方法尽管易于实现、鲁棒性好（因为它们都依赖于来自 SOC 的反馈）、计算成本低，但是它们的性能依赖于自适应规则中参数的合理调整。

在下一节中，我们将根据文献 [15] 和 [17] 的 SOC 反馈机制分析并比较两种主要的自适应方案。

7.3.1　A-PMP 方法的分析与对比

基于 SOC 反馈的协态在线自适应方案，使用的是荷电状态目标值 SOC_{target} 与其瞬时值 $SOC(t)$ 的差值。

文献 [15] 提出了基于 PI 控制器的自适应方法

$$\lambda(t) = \lambda_0 + k_P(SOC_{target} - SOC(t)) + k_I \int_0^t SOC_{target} - SOC(\tau)\mathrm{d}\tau \qquad （7-1）$$

式中，λ_0 是 $t = 0$ 时刻 λ 的初始值；k_P 和 k_I 分别是自适应规则中的比例和积分增益。该算法的初始化（即 λ_0 的选择）是任意的，也可以对离线获得的不同最佳初始值取平均值来完成。

在下文中，式（7-1）被称为连续 A-PMP。实际上，在式（7-1）中，积分项被添加到比例式中，以保证在跟踪恒定参考值时具有更好的性能，其代价是要同时调节 λ_0、k_P 和 k_I 三个参数值。

式（7-1）是公认的可在线执行方法。尽管如此，基于 SOC 与目标值差异机制，在每个时间步长内调整等价因子，结果可能并不总是令人满意的。实际上，这种连续的自适应方法，原则上会阻碍在整个 SOC 工作范围内使用电池，因为即使实际 SOC 与恒定参考值之间存在微小偏差，也会在下一时刻得到纠正。

为了使电池跨越较宽范围的 SOC，文献 [17] 提出了以下离散时间自适应定律（以下称为离散 A-PMP）

$$\lambda(k) = \frac{\lambda(k-1) + \lambda(k-2)}{2} + k_P^d (SOC_{target} - SOC(k)) \tag{7-2}$$

式中，k 是整数，指代 T 秒中的第 k 个固定时间间隔；$\lambda(k)$ 是区间 $[(k-1)T, kT]$ 中的协态值；$SOC(k)$ 是间隔开始时刻的 SOC 值。式（7-2）反映的概念是，电量维持应该在有效长度的时间间隔内执行（根据电池容量和行驶工况而动态变化，需要几秒到几分钟），因此等效因子只应该在离散时间间隔内进行修正，而不是连续地更新。前两个 λ 值的存在是为了稳定输出。式（7-2）是自回归移动平均（Autoregressive Moving-Average，ARMA）模型的形式，具有两个自回归项和一个移动平均项。如上所述，式（7-2）的关键特征是，自适应发生在持续时间为 T 大小的规律性间隔中，而不是每个时刻，从而允许 SOC 有大幅度偏移，而不是使用式（7-1）获得准恒定的 SOC 趋势。虽然式（7-2）是完全基于时间的，但是同样的原则可以以事件形式驱动，即当某种事件发生的时候进行自适应（例如达到 SOC 或速度的阈值）。

无论怎样执行自适应 [采用式（7-1）或式（7-2）]，A-PMP 策略的方案都是根据如图 7-2 所示的反馈方案构建的。

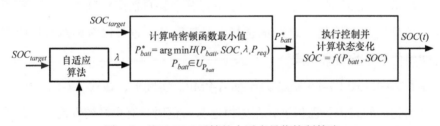

图 7-2　基于 SOC 反馈的自适应最优控制策略

注：自适应算法根据式（7-1）或式（7-2）生成自适应协态 λ。

7.3.2　自适应策略的校准

为了确保 SOC 收敛到参考值，必须对式（7-1）的反馈参数 k_P 和 k_I 进行调整。对于任何一个 PI 控制器，较高的增益会使其适应速度更快，但具有潜在的不稳定性，并且比例和积分项的贡献必须适当平衡。作为一个例子，图 7-3 所

示为两个增益 k_P 和 k_I 对 SOC 和 λ 的影响（在图 7-4 所示的工况下），具体见第 8.2 部分描述的并联混合动力汽车模型获得的仿真结果。左侧的曲线图显示了当比例增益 k_P 变化而积分增益保持为零时的解，右侧的曲线图显示了保持 k_P 不变时 k_I 变化对结果的影响。注意，当增加 k_P 不足以产生收敛于参考值的解时，增加 k_I 后将会使结果快速收敛（尽管过度的积分增益会产生振荡）。

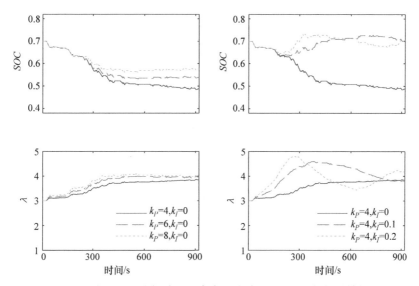

图 7-3　在图 7-4 的行驶工况中应用连续 A-PMP 后获得的结果

注：车辆型号和特性参见第 8.2 节。采用式（7-1）在每一时刻调整协态，左侧图显示了比例增益的影响，右侧图显示了积分增益的影响。

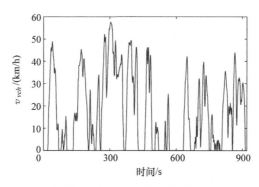

图 7-4　Artemis 城市行驶工况

对于离散自适应方法式（7-2）可以观察到类似的情况。图 7-5 显示了增益 k_P^d 和自适应间隔 T 对 SOC 和 λ 的影响。

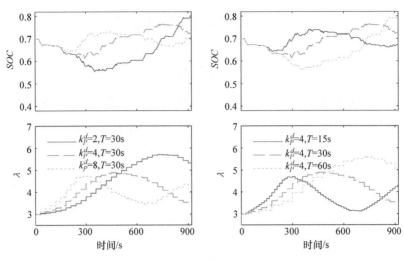

图 7-5 采用离散 A-PMP 得到的结果

注：利用式（7-2）在每个时间间隔调整协态。该图显示了增益 k_P^d（左侧图）和更新间隔 T（右侧图）对结果的影响。

尽管 SOC 有明显的变化，但只要未达到 SOC 边界，总体燃料消耗一般不会受到太大的影响 [当使用式（6-12）计算 SOC 变化时]；另一方面，当达到 SOC 边界时，不能使用电池，这可能会降低整体效率（例如，阻碍制动能量回收）。每种自适应策略和校准参数组合对应的 SOC 变化和校正燃料消耗见表 7-1。

表 7-1 校准参数对连续和离散 A-PMP 的影响（Artemis 城市行驶工况下）

a）连续 A-PMP

ΔSOC		k_P		
		4	6	8
k_I	0	−0.244	−0.167	−0.125
	0.1	0.007	0.007	0.007
	0.2	−0.006	0.000	−0.001

b）离散 A-PMP

ΔSOC		k_P^d		
		2	4	8
T	15s	0.044	−0.028	0.051
	30s	0.093	0.025	−0.002
	60s	0.034	0.093	0.016

m_f/m^*_f		k_P		
		4	6	8
k_I	0	1.00	1.00	1.00
	0.1	1.01	1.01	1.01
	0.2	1.01	1.01	1.00

m_f/m^*_f		k_P^d		
		2	4	8
T	15s	1.02	1.02	1.04
	30s	1.04	1.03	1.01
	60s	1.05	1.03	1.02

注：表中的值为总体 SOC 变化和燃料消耗相对于 PMP 获得的最优值标准化后的结果。

参考文献

[1] L. Serrao, A. Sciarretta, O. Grondin, A. Chasse, Y. Creff, D.D. Domenico, P. Pognant-Gros, C. Querel, L. Thibault, Open issues in supervisory control of hybrid electric vehicles: a unified approach using optimal control methods. Oil Gas Sci. Technol. Rev. IFP Energ. Nouv. (2013)

[2] A. Sciarretta, L. Guzzella, Control of hybrid electric vehicles. IEEE Control Syst. Mag. **2**, 60–70 (2007)

[3] L. Serrao, S. Onori, G. Rizzoni, A comparative analysis of energy management strategies for hybrid electric vehicles. ASME J. Dyn. Syst. Meas. Control **133**(3), 031012 (2011)

[4] L. Serrao, S. Onori, G. Rizzoni, ECMS as a realization of Pontryagin's minimum principle for HEV control, in *Proceedings of the 2009 Conference on American Control Conference* (2009), pp. 3964–3969

[5] C. Musardo, B. Staccia, Energy management strategies for hybrid electric vehicles Master's thesis (Politecnico di Milano, 2003)

[6] C. Musardo, B. Staccia, S. Bittanti, Y. Guezennec, L. Guzzella, G. Rizzoni, An adaptive algorithm for hybrid electric vehicles energy management, in *Proceedings of the Fisita World Automotive Congress* (2004)

[7] C. Musardo, B. Staccia, S. Midlam-Mohler, Y. Guezennec, G. Rizzoni, Supervisory control for NOx reduction of an HEV with a mixed-mode HCCI/CIDI engine, in *Proceedings of the 2005 American Control Conference* (2005)

[8] C. Musardo, G. Rizzoni, Y. Guezennec, B. Staccia, A-ECMS: an adaptive algorithm for hybrid electric vehicle energy management. Eur. J. Control **11**(4–5), 509–524 (2005)

[9] B. Gu, G. Rizzoni, An adaptive algorithm for hybrid electric vehicle energy management based on driving pattern recognition, in *Proceedings of the 2006 ASME International Mechanical Engineering Congress and Exposition* (2006)

[10] A. Sciarretta, M. Back, L. Guzzella, Optimal control of parallel hybrid electric vehicles. IEEE Trans. Control Syst. Technol. **12**(3), 352–363 (2004)

[11] D. Ambühl, L. Guzzella, Predictive reference signal generator for hybrid electric vehicles. IEEE Trans. Veh. Technol. **58**, 4730–4740 (2009)

[12] L. Fu, Ü. Özgüner, P. Tulpule, V. Marano, Real-time energy management and sensitivity study for hybrid electric vehicles, in *Proceedings of 2011 American Control Conference* (2011)

[13] S. Jeon, S. Jo, Y. Park, J. Lee, Multi-mode driving control of a parallel hybrid electric vehicle using driving pattern recognition. ASME J. Dyn. Syst. Meas. Control **124**, 141–149 (2002)

[14] B. Gu, Supervisory control strategy development for a hybrid electric vehicle Master's thesis (The Ohio State University, 2006)

[15] J. Kessels, M. Koot, P. van den Bosch, D. Kok, Online energy management for hybrid electric vehicles. IEEE Trans. Veh. Technol. **57**(6), 3428–3440 (2008)

[16] A. Chasse, A. Sciarretta, J. Chauvin, Online optimal control of a parallel hybrid with costate adaptation, in *Proceedings of the 6th IFAC Symposium Advances in Automotive Control* (2010)

[17] S. Onori, L. Serrao, G. Rizzoni, Adaptive equivalent consumption minimization strategy for hybrid electric vehicles, in *Proceedings of the 2010 ASME Dynamic Systems and Control Conference* (2010)

[18] P. Tulpule, V. Marano, G. Rizzoni, Energy management for plug-in hybrid electric vehicles using equivalent consumption minimisation strategy. Int. J. Electr. Hybrid Veh. **2**(4), 329–350 (2010)

[19] P. Khayyer, J. Wollaeger, S. Onori, V. Marano, U. Ozguner, G. Rizzoni, Analysis of impact factors for plug-in hybrid electric vehicles energy management, in *15th International IEEE Conference on Intelligent Transportation Systems (ITSC)* (2012), pp. 1061–1066

第 8 章 CHAPTER 8
案例分析

8.1 简介

本章以并联式混合动力汽车（第 8.2 节）和功率分流式混合动力汽车（第 8.3 节）为例，对书中介绍的建模与控制概念进行分析与说明。每个案例都提供了动力系统建模、能量管理问题定义与能量管理策略实施的具体细节。两个案例中所研究的车辆原型都是相同的，主要相关参数见表 8-1。

表 8-1　整车参数 [1-2]

参数	大小
迎风面积 A_f	2.33m^2
阻力系数 C_d	0.26
空气密度 ρ_{air}	1.22kg/m^3
滚动阻力系数 c_{roll}	0.024
整车质量 M	1370kg
车轮半径 R_{wh}	0.32m
主减速器传动比 g_f	4.113
重心与前轴的距离 a	1.2m
重心与后轴的距离 b	1.5m
重心离地面的高度 h	0.8m

8.2 并联式混合动力汽车

8.2.1 动力系统模型

混合动力系统的第一个例子是图 8-1 所示的并联式结构。在该结构中，发动机与电动机通过分流箱机械连接，在分流箱中，二者输出的转矩进行耦合。一个传统的 5 档变速器（Gearbox，GB）位于发动机/电动机和车轮之间。在换档过程中，离合器可将发动机与变速器输入轴分离，允许纯电动驱动。在仿真模型中，离合器被建模为一个理想的开/关元件，模型忽略了滑移阶段，并且认为换档行为是瞬时的。根据图 8-1 的分类，这是一辆全混型混合动力汽车，包括发动机驱动模式、纯电动驱动模式、再生制动和发动机辅助驱动模式。

由变速器和差速器/主减速器（Final Drive，FD）组成的传动链引入了两个传动比：变速器传动比 $g_{tr}(i_{tr})$ 和恒定的主减速器传动比 g_{fd}，其中 $g_{tr}(i_{tr})$ 是齿轮位置 i_{tr} 的函数。因此，到达车轮处的转矩 T_{pwt} 为（详见 2.4.4 章）$^{\ominus}$

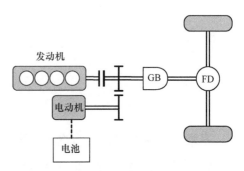

图 8-1　并联式混合动力汽车结构

$$T_{pwt} = g_{tr}(i_{tr}) g_{fd}(T_{eng} + T_{mot}) \tag{8-1}$$

而发动机和电动机的转速为

$$\omega_{eng} = \omega_{mot} = \frac{v_{veh}}{R_{wh}} g_{tr}(i_{tr}) g_{fd} \tag{8-2}$$

式中，v_{veh} 是车辆速度；R_{wh} 是车轮半径。

发动机和电动机的转矩曲线和效率 MAP 图如图 8-2 和图 8-3 所示。

电池采用零阶模型进行建模，SOC 的动态方程可由式（2-33）或式（2-37）获得。锂离子电池组的相关参数见表 8-2，开路电压 V_{oc} 和内阻 R_0 的特性如图 8-4 所示。

表 8-2　电池参数

参数	大小
标称充电容量 Q_{nom}	6.5 A · h = 23400C
峰值电压 V_{max}	248V
能量容量 $E_{batt} = Q_{nom}V_{oc,nom}$	5.8MJ = 1.6kW · h
库仑效率 η_{coul}	0.95
最大电流（充电或者放电）I_{max}	130A
最大功率（充电或者放电）$P_{batt,max}$	31kW

$\ominus$　为了便于表示，本章所包含等式中不会明确指出对 t 的依赖性。

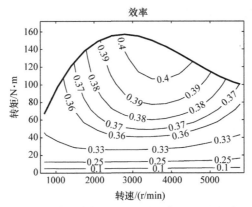

图 8-2 发动机效率 MAP 图（一般的柴油发动机）

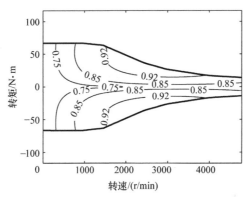

图 8-3 电动机效率 MAP 图（数据在文献 [3] 中有详述）

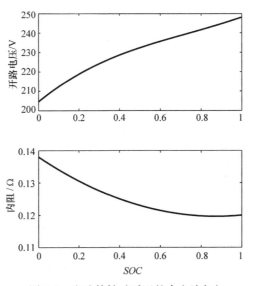

图 8-4 电池特性（对于整个电池包）

8.2.2 最优控制问题求解

能量管理的目标是通过分配发动机和电动机之间的转矩输出使得燃料消耗最小，同时维持电池电量。

成本函数：最小化目标是总的燃油消耗，它是关于发动机转矩 T_{eng} 和转速 ω_{eng} 的函数，总燃油消耗表示如下

$$J = Q_{lhv}\int_{t_0}^{t_f} \dot{m}_f(T_{eng},\omega_{eng})\mathrm{d}t = \int_{t_0}^{t_f} P_{fuel}(T_{eng},\omega_{eng})\mathrm{d}t \qquad (8\text{-}3)$$

由式（8-2）可知，发动机转速 ω_{eng} 与汽车车速 v_{veh} 以及变速器传动比 g_{tr} 相关。变速器传动比可以是优化问题的一部分，也可以作为外部输入。我们考虑后一种情况，假设存在独立的变速器控制器，可以基于驾驶性能选择档位。根据图 3-2 所示的一般控制架构，车速与总转矩需求 T_{pwt}（或功率需求 P_{req}）均被视为能量管理策略的外部输入，由驾驶员的加速踏板或模拟中的速度控制器产生。从式（8-1）可看出，如果已知 T_{pwt} 和档位指针 i_{tr}，则齿轮箱输入转矩可确定为

$$T_{gb} = T_{eng} + T_{mot} = \frac{T_{pwt}}{g_{tr}(i_{tr})g_{fd}} \qquad (8\text{-}4)$$

正如第 3.4 节所讨论的，优化问题的标准自由度是电池功率 P_{batt}。它与电动机转矩 T_{mot} 有直接的、一一对应的关系，因为电机转速由外部输入施加，电机效率只取决于转矩和转速（忽略温度影响）。由此允许使用电动机转矩作为控制变量，对于该动力系统结构更直接明了。事实上，若给定电动机的转矩，发动机转矩则为 T_{gb} 与 T_{mot} 的差值

$$T_{eng} = T_{gb} - T_{mot} \qquad (8\text{-}5)$$

使用如图 8-2 所示的 **MAP** 图计算燃油功率（与燃油消耗成比例），因此它是发动机转速和转矩的函数。通过式（8-2）和式（8-5），燃油功率可以看作是车速、总转矩需求和电机转矩的函数

$$P_{fuel} = Q_{lhv}\dot{m}_f(T_{eng},\omega_{eng}) = P_{fuel}(T_{gb},T_{mot},v_{veh}) \qquad (8\text{-}6)$$

系统动态：系统动态方程描述了电池荷电状态的变化与状态本身和控制输入 T_{mot}（或如前所述的 P_{batt}）的关系。根据式（2-37），荷电状态变化量为

$$S\dot{O}C = -\frac{1}{\eta_{coul}^{sign(I(t))}Q_{nom}}\left[\frac{V_{oc}(SOC)}{2R_0(SOC)} - \sqrt{\left(\frac{V_{oc}(SOC)}{2R_0(SOC)}\right)^2 - \frac{P_{batt}}{R_0(SOC)}}\right] \quad (8-7)$$

电池参数 $V_{oc}(SOC)$ 和 $R_0(SOC)$ 如图 8-4 所示。

事实证明，在这种情况下，使用电化学能量变化代替荷电状态更为实际。根据第 5.3.1 节引入的方程

$$E_{ech} = E_{batt}(SOC(t_0) - SOC(t)) \quad (8-8)$$

式中，$E_{batt} = V_{oc,nom}Q_{nom}\eta_{coul}$；系统动态方程为

$$\dot{E}_{ech} = P_{ech} = -E_{batt}S\dot{O}C \quad (8-9)$$

电池功率为

$$P_{batt} = P_{em,e}(T_{mot}, \omega_{mot}) \quad (8-10)$$

式中，$P_{em,e}(T_{mot}, \omega_{mot})$ 是电动机在转速为 ω_{mot}（它是关于齿轮箱变速比 i_{tr} 的车速的函数）时产生转矩 T_{mot} 所需的电功率。因此，该状态方程仅是 SOC 和 P_{batt} 的函数，而后者又取决于控制输入 T_{mot} 和外部输入 v_{veh}、i_{tr}。

控制约束：发动机和电动机转矩值必须保持在各自的限制范围内

$$T_{mot,min}(\omega_{mot}) \leqslant T_{mot} \leqslant T_{mot,max}(\omega_{mot}) \quad (8-11)$$

$$T_{ice,min}(\omega_{eng}) \leqslant T_{eng} \leqslant T_{ice,max}(\omega_{eng}) \quad (8-12)$$

除此之外，电动机的功率应保持在电池可提供的最小和最大容许功率之间[⊖]

$$P_{batt,min}(SOC) \leqslant P_{mot,e} \leqslant P_{batt,max}(SOC) \quad (8-13)$$

将其转换为控制变量 T_{mot} 的附加约束为

$$T'_{mot,min}(\omega_{mot}, P_{batt,min}) \leqslant T_{mot} \leqslant T'_{mot,min}(\omega_{mot}, P_{batt,max}) \quad (8-14)$$

PMP 解决方案：采用第 5.3.1 节中基于功率的方程，系统的哈密顿函数有以下形式

$$\begin{aligned} H(T_{mot}, E_{ech}, T_{gb}, v_{veh}) \\ = P_{fuel}(T_{mot}, T_{gb}, v_{veh}) + (\lambda + w(SOC))P_{ech}(T_{mot}, E_{ech}, v_{veh}) \end{aligned} \quad (8-15)$$

$w(SOC)$ 项表示式（5-22）所描述的附加惩罚函数（图 5-3），到达状态约束

⊖ 电池电量的最大和最小限制取决于电池的荷电状态（以及温度，尽管此处使用的模型忽略了温度的影响）。

时将被激发。实际上，当 SOC 过低时，惩罚函数通过增加 P_{ech} 的成本来防止电池放电，当 SOC 过高时，通过降低 P_{ech} 的成本使电池放电。

在每一时刻，最优 $T_{mot}^*(t)$ 是使哈密顿函数最小化的解。最小化的一种方法是在每一时刻 t 评估函数 H 的整个允许控制值序列 $T_{mot, vec} = \{T_{mot, min}, \cdots\cdots, T_{mot, max}\}$，然后选择使 H 函数最小的控制值。将这个最优控制值 $T_{mot}^*(t)$ 应用于系统，从而产生新的状态值和输入值，协态动态可根据式（5-30）计算得到

$$\dot{\lambda}(T_{mot}, E_{ech}, v_{veh}) = -\frac{\partial H}{\partial E_{ech}} = -\lambda \frac{\partial S\dot{O}C(P_{batt}, SOC)}{\partial SOC} \tag{8-16}$$

式中，函数 $\partial S\dot{O}C / \partial SOC$ 可根据式（8-7）和图 8-4 中的数据进行数值计算，关于 P_{batt} 和 SOC 的函数值如图 8-5 所示。

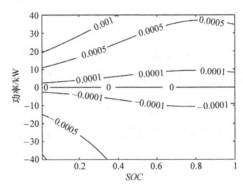

图 8-5 轮廓线表示函数 $\dfrac{\partial S\dot{O}C(P_{batt}, SOC)}{\partial SOC}$ 在 $[s^{-1}]$（时间导数）中的值

注：MAP 图和轮廓线由图 8-4 中的数据获得。

8.2.3 模型实现

图 8-6 所示为整车仿真器的执行过程，遵循了图 2-4 中定义的框架。仿真器由以下主要模块组成：

1）**行驶工况模块**：生成车辆应遵循的速度、加速度和坡度的设定值序列。

2）**驾驶员模块**：计算规定工况所需的转矩设定值，如图 8-7 所示；该值可使用式（2-6）进行计算，附加反馈项与速度跟踪误差成正比（当动力系统执行器饱和而不能完全跟随工况时，可能会偏离零）。

3）**能量管理模块**：生成动力系统执行器的单独设定点（在本示例中，对于并联式混合动力结构，执行器指发动机和电动机）。该模块的输入是总转矩设

定值和来自车辆的检测值,即电池 *SOC* 和车辆速度。

4)**车辆与动力系统模型**:包含被控对象模型,该模型以执行器设定点作为输入,计算车速和电池 *SOC* 的变化,以及发动机燃油消耗,如图 8-8 所示。该模块包括根据典型前向仿真布置的主要动力系部件,根据式(2-1)和图 2-2,通过对力求积分计算车辆速度。然后将速度反馈给所有动力系统部件。发动机和电动机模块根据转矩和功率限制满足转矩需求,使用静态 MAP 图计算工作点对应的燃油消耗或电能。

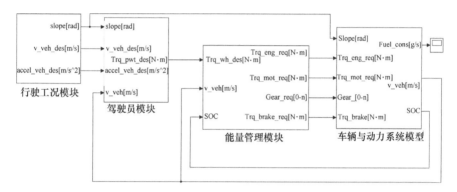

图 8-6 车辆仿真器顶层视图

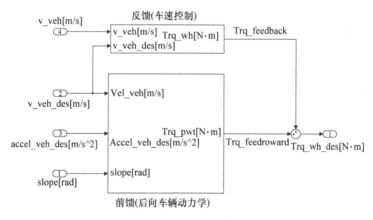

图 8-7 图 8-6 中的驾驶员模块

图 8-9 所示为使用 PMP 实现能量管理的结果,该策略的每个模块的功能详述如下:

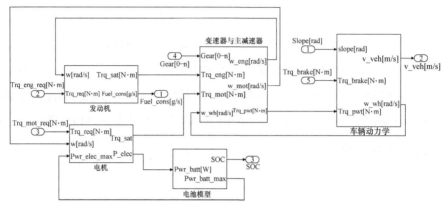

图 8-8　图 8-6 中的车辆与动力系统模型

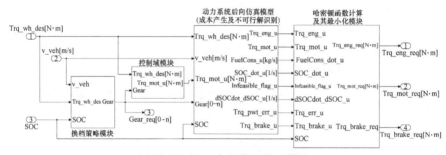

图 8-9　图 8-6 中的能量管理模块

1）**换档策略模块**：基于车速和转矩阈值实现了简单的换档策略，选择与车辆速度和驾驶员需求转矩兼容的最高档位。这意味着对于给定的车速，该策略会选择使转矩输出与驾驶员转矩需求相匹配的最高档位，同时将发动机速度保持在允许范围内（怠速与最高转速之间）。因此，档位 i_{tr} 的计算采用的是基于规则的算法，该算法不属于最优控制策略，因为变速器传动比只是一个外部输入。注意，换档策略也将 SOC 作为输入，因为电动机的最大转矩取决于电池的荷电状态，如式（8-13）所述。因此，给定档位的最大输出转矩受 SOC 的影响。

2）**控制域模块**：用于产生评估哈密顿函数的控制集，该集合在此处被命名为 Trq_mot_u，其中有 N_u 个元素，包括 $T_{mot}=0$（发动机驱动模式）、$T_{mot}=T_{gb}$（纯电动模式或零发动机驱动模式），然后在电动机的绝对最小和最大转矩之间均匀地分配 (N_u-2) 个转矩值，以覆盖其整个转矩范围。一般来讲，变量名中的后

缀 _u 表示由这组候选控制量构成的矢量，即维度为 N_u 的阵列。在下面的数值例子中，N_u=22。

3）**动力系统后向仿真模型**：实现了第 8.2.1 节所描述的车辆动力学方程的建模，并输出计算哈密顿函数所需的所有变量。这些变量是大小为 N_u 的数组，维度取决于控制输入。注意，并非所有候选控制量都能产生可行的解决方案，因为一些控制量可能不满足所有瞬时约束（例如，一些电动机转矩值可能超过电池功率限制，或者可能对应于不可行的发动机转矩值等）。为了排除不可行的解决方案，创建变量 *Infeasible_flag_u*，其中包含识别不可行解的标志，即不满足控制约束的解[⊖]。这些不可行解的关联成本非常大，以便从后续的最小化过程中排除。

4）**哈密顿函数计算及其最小化模块**：计算控制数组中所有元素的哈密顿函数，然后识别对应于最小值的数组下标。该索引的下标用于从发动机、电动机和制动转矩矩阵中选择最优值，以运用于系统中。哈密顿函数在给定时刻取得的数值示例如图 8-10 所示，列出了完整的控制范围。

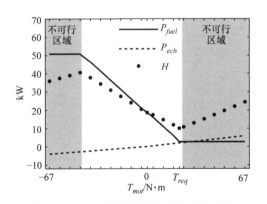

图 8-10 哈密顿计算及其最小化的示例

注：电动机转矩 T_{mot} 是离散控制变量，实线表示发动机燃料功率 P_{fuel} 的值，虚线表示电池电化学功率 P_{ech} 的值。由每个候选控制量计算得到的哈密顿量 H 由圆点表示。灰色区域表示对应于不可行解的控制值。在该示例中，哈密顿函数的最小值对应于 $T_{mot}=T_{req}$，即纯电动牵引。

⊖ *Infeasible_flag_u* 是一个大小为 N_u 的数组，由 0 和 1 组成：满足约束的解为 0，不满足约束的解为 1。

8.2.4 仿真结果

本节通过应用 PMP 原理和打靶法求出协态变量的最优初始值,得到了最优解。在全球统一轻型汽车油耗测试规程(WLTP)规定的行驶工况下[4],迭代搜索后的结果如图 8-11 和图 8-12 所示。将初始值设为 λ_0 并进行求解,将荷电状态最终值 $SOC\,(t_f)$ 与荷电状态目标值 SOC_{targer} 进行比较,根据差值 $SOC\,(t_f) - SOC_{targer}$,在下次迭代中相应增减 λ_0 值,然后代入新初始值 λ_0 再次对行驶工况进行仿真计算。第 n 次迭代时的 λ_0 值为

$$\lambda_0(n) = \frac{1}{2}(\lambda_{inf}(n-1) + \lambda_{sup}(n-1)) \tag{8-17}$$

式中,λ_{inf} 和 λ_{sup} 是为实现二分法引入的参数[5],将 λ_{inf} 和 λ_{sup} 初始化为任意值后,λ_{inf} 和 λ_{sup} 按照下列规则在每一步迭代中更新

$$SOC(t_f) - SOC_{target} < 0 : \begin{cases} \lambda_{inf}(n) = \lambda_0(n-1) \\ \lambda_{sup}(n) = \lambda_{sup}(n-1) \end{cases} \tag{8-18}$$

$$SOC(t_f) - SOC_{target} > 0 : \begin{cases} \lambda_{inf}(n) = \lambda_{inf}(n-1) \\ \lambda_{sup}(n) = \lambda_0(n-1) \end{cases} \tag{8-19}$$

在本节范例中,当 $n=0$ 时,$\lambda_{inf}=0.5$,$\lambda_{sup}=5$;当 $\left|SOC(t_f) - SOC_{target}\right| < 0.01$ 时停止搜索。经过五次迭代后二分法达到收敛,如图 8-11 和图 8-12 所示。

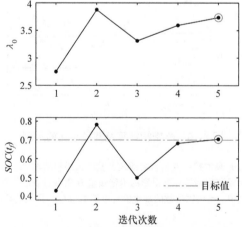

图 8-11 打靶法:收敛于最优协态初始值

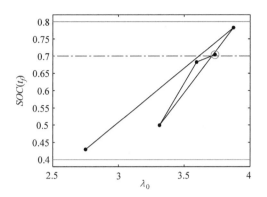

图 8-12 打靶法：在平面 $(\lambda_0, SOC(t_f))$ 中进行迭代

将二分法应用于两个 PMP 公式：①由式（8-16）表示的动态协态；②在整个行驶工况中 λ 等于 λ_0 的常值协态。如图 8-13 所示将两种情况进行了对比（每种情况都对最优 λ_0 进行了迭代搜索计算）。

图 8-14 所示是将最优解与第 7.3.1 节中介绍的两种自适应策略的结果进行了比较，即连续和离散的 A-PMP。

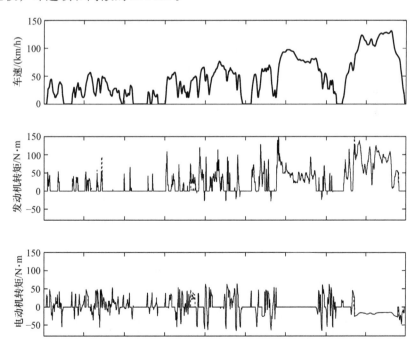

图 8-13 在工况 WLTP 下通过求解 PMP 的动态协态和常值协态获得的最优解

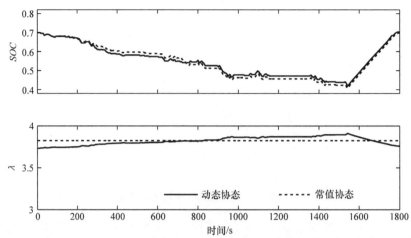

图 8-13　在工况 WLTP 下通过求解 PMP 的动态协态和常值协态获得的最优解（续）

注：与相应的传统汽车（相同结构，但没有电动机）相比，这两种情况下的油耗都降低了 21.5%。最优控制策略使电动机转矩在工况最后部分为负，使用发动机将电池充电到目标 SOC 值。

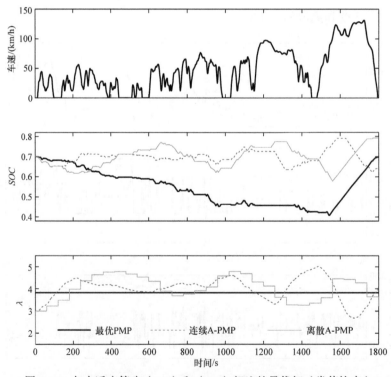

图 8-14　与自适应策略（7-1）和（7-2）相比的最优解（常值协态）

注：连续 A-PMP 参数为 $k_P = 4$，$k_I = 0.2$；离散 A-PMP 参数为 $k_P^d = 8$，$T = 60s$。SOC 校正后，连续 A-PMP 油耗和离散 A-PMP 油耗相对于最优解分别增加了 2.4% 和 2.1%。

8.3　功率分流式混合动力汽车

8.3.1　动力系统模型

本节介绍的动力系统建模示例基于丰田混合动力驱动系统（Hybrid Synergy Drive，HSD）[3, 6]。作为市场上首次成功的混合动力技术，该系统得到了广泛的研究 [1, 2, 7–9]。该混合动力结构包括一个电子变速器（Electrically Variable Transmission，EVT），EVT 由行星齿轮组构成，其中发动机和一台电机（发电机）连接在行星齿轮组上，如图 8-15 所示；功率较高的第二电机则连接在 EVT 输出端（齿圈）。电池组为两台电机提供电能。

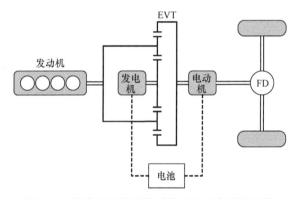

图 8-15　装备行星齿轮传动装置的功率分流结构

如图 8-15 所示，发动机与行星齿轮组的行星架相连[⊖]，发电机与太阳轮相连，而齿圈和电动机均与输出轴相连，因此电动机和齿圈共同为驱动动力系统提供输出。本节采用准静态建模方法进行能量分析，忽略了发动机、电动机以及所有齿轮和轴的转动惯量。

车轮处的转矩为

$$T_{pwt} = g_{fd}(T_r + T_{mot}) \tag{8-20}$$

式中，T_{mot} 是电动机转矩；T_r 是齿圈转矩；g_{fd} 是主减速器传动比。根据行星齿轮组方程（2-23），T_r 与发电机和电动机转矩有关

⊖　同图 2-11。

$$T_{eng} = T_c = (1+\rho)T_r \qquad\qquad (8\text{-}21)$$

$$T_{gen} = T_s = \rho T_r \qquad\qquad (8\text{-}22)$$

式中，ρ 是行星齿轮传动比（$N_r = 78$，$N_s = 30^{[2]}$），$\rho = N_s/N_r$。

对于式（8-21）和式（8-22），给定 T_r、T_{eng} 和 T_{gen} 中的任意一个就可以确定其余两个参数。

运动学约束（2-21）在本例中可以写成

$$(1+\rho)\omega_{eng} = \rho\omega_{gen} + \omega_{mot} \qquad\qquad (8\text{-}23)$$

电动机转速（等于齿圈转速）与车轮转速成正比，这是因为在齿圈/电动机轴与车轮之间有固定齿轮（差速器），因此电动机转速与车辆纵向速度也成正比

$$\omega_{mot} = \omega_r = g_{fd}\frac{v_{veh}}{R_{wh}} \qquad\qquad (8\text{-}24)$$

式中，v_{veh} 是车速；R_{wh} 是车轮半径。根据式（8-23），可将发动机转速 ω_{eng}、发电机转速 ω_{gen} 和车速联系起来

$$\omega_{eng} = \frac{\rho}{1+\rho}\omega_{gen} + \frac{g_{fd}}{1+\rho}\frac{v_{veh}}{R_{wh}} \qquad\qquad (8\text{-}25)$$

式（8-25）描述了该动力系统一个有趣的特性：通过改变发电机的转速，可使发动机转速（在允许的范围内）与车速解耦。因此，该结构也被定义为电子无级变速器（Electrically Continuously Variable Transmission，E-CVT），这一特点显示出 E-CVT 与传统车辆中使用的无级变速器的相似性。两者都实现了没有固定传动比的变速效果，如图 8-16 所示。

因此，通过改变发电机的转速，就有可能使发动机在每一转矩下保持在最大效率范围内。

本节电池参数与表 8-2 所述的相同；发动机、电动机和发电机 MAP 图分别如图 8-17~ 图 8-19 所示。

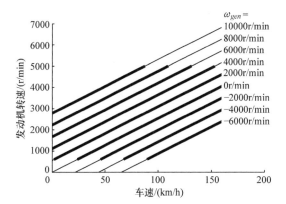

图 8-16 E-CVT 传动比：发动机转速与车速之比

注：图中给出了发电机多个转速值下发动机转速与车速的比值（发动机允许范围用粗线表示）。

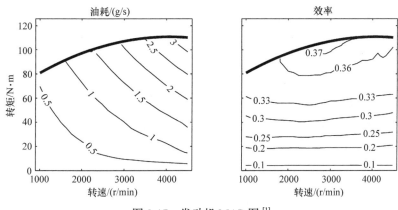

图 8-17 发动机 MAP 图 [1]

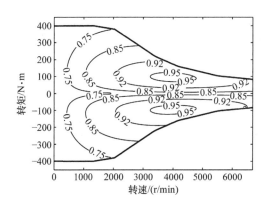

图 8-18 电动机 MAP 图（详细数据见文献 [3]）

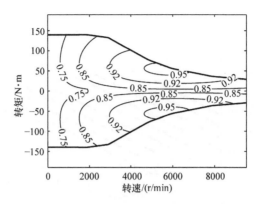

图 8-19 发电机 MAP 图（详细数据见文献 [3]）

8.3.2 最优控制问题求解

本节能量管理问题的建立和约束的定义与前一个案例研究的模式相同（第 8.2.2 节）。并联式和功率分流式结构的区别在于运动方程和控制变量的不同，如下所述。

车轮所需转矩 T_{pwt} 由式（8-20）获得，齿圈转矩 T_r 由式（8-21）根据发动机转矩 T_{eng} 计算得到。发电机转矩由式（8-22）确定。因此，电动机和发动机的转矩决定了车轮上传递的转矩大小，而设定发电机转速是为了使发动机高效运转。（一旦施加输出转矩 T_{pwt}）本节的能量管理问题有两个自由度：发动机转矩 T_{eng} 和发电机转速 ω_{gen}，它们共同决定了电池功率，该问题与第 3.4 节定义的一般框架中的问题相同。

发电机的机械功率可以利用式（8-21）和式（8-22）与发动机转矩和转速联系起来

$$P_{gen,m} = \omega_{gen}T_{gen} = \omega_{gen}\frac{\rho}{1+\rho}T_{eng} \qquad （8-26）$$

电动机功率为

$$P_{mot,m} = \omega_{mot}T_{mot} \qquad （8-27）$$

电池总功率为

$$P_{batt} = P_{mot,e} + P_{gen,e} \qquad (8\text{-}28)$$

式中，电动机和发电机的电功率与各自的效率有关

$$P_{gen,e} = \begin{cases} \eta_{gen} P_{gen,m} & P_{gen,m} < 0 \\[2mm] \dfrac{1}{\eta_{gen}} P_{gen,m} & P_{gen,m} \geq 0 \end{cases} \qquad (8\text{-}29)$$

$$P_{mot,e} = \begin{cases} \eta_{mot} P_{mot,m} & P_{mot,m} < 0 \\[2mm] \dfrac{1}{\eta_{mot}} P_{mot,m} & P_{mot,m} \geq 0 \end{cases} \qquad (8\text{-}30)$$

8.3.3　模型实现

仿真模拟的实现方法与前面的案例研究相同，但是在本节，能量管理策略的结构如图 8-20 所示：控制矩阵由两个控制向量 T_{eng} 和 ω_{gen} 组成，从而增加了候选解评估的总体数量（例如，若每个两个变量取 20 个值，则候选解总数为 400）。因此，对于如图 8-21 所示的两个控制变量的所有组合，每一时刻的哈密顿量都是一个二维曲面。

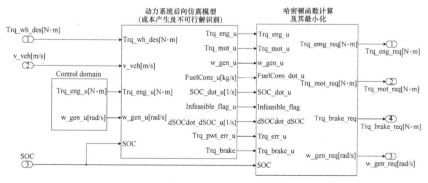

图 8-20　EVT 案例研究中的能量管理策略模块

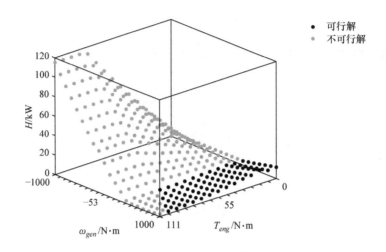

图 8-21　在给定时间、离散控制空间 T_{eng} 和 ω_{gen} 的条件下计算获得的哈密顿量

8.3.4　仿真结果

对于一个确定的城市工况，使用协态优化后的 PMP 得到的最优解如图 8-22 所示。由优化得到的相应发动机工作点如图 8-23 所示，结果表明发动机实际工作点位于最佳工作线附近。最后，将最优解与图 8-24 所示的自适应策略进行比较。与图 8-14 所示提出的示例不同，在本示例中，离散 A-PMP 明显比最优解和连续 A-PMP 差：原因是 SOC 在几处达到了上限，这限制了再生制动能量的回收，因此降低了整体性能。此外，最优方法利用 EVT 功能实现了功率在电动机和发电机之间的循环流动，但限制了电池功率，可以观察到图 8-22 中的 SOC 只有微小的变化；另一方面，自适应策略没有提前获取最优协态值信息，这导致频繁使用电池，表现出较大的 SOC 变化，从而造成额外的充放电损耗，使得燃料消耗增加。

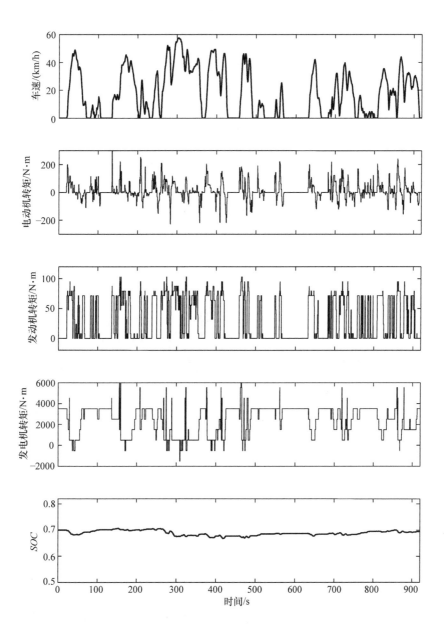

图 8-22　通过求解常值协态 PMP（Artemis 城市工况）得到的最优解
注：最优共协值 $\lambda=2.504$。

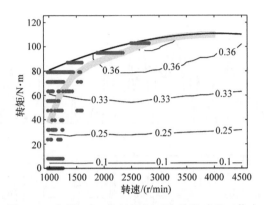

图 8-23　与图 8-22 中的解相对应的发动机工作点

注：灰色线表示最佳工作线（对应发动机最大运行效率）。

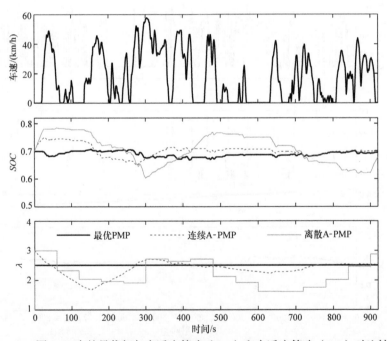

图 8-24　图 8-22 中的最优解与自适应策略（7-1）和自适应策略（7-2）对比结果

注：连续 A-PMP 参数为 $k_P = 4$，$k_I = 0.2$；离散 A-PMP 参数为 $k_P^d = 8$，$T = 60s$。SOC 校正后，连续 A-PMP 油耗和离散 A-PMP 油耗相对于最优解分别增加了 1.6% 和 7.8%。

参考文献

[1] J. Meisel, An analytic foundation for the Toyota Prius THS-II powertrain with a comparison to a strong parallel hybrid-electric powertrain, SAE paper 2006-01-0666 (2006)

[2] C.W. Ayers, J.S. Hsu, L.D. Marlino, C.W. Miller, G.W. Ott, C.B. Oland, Evaluation of 2004 Toyota Prius hybrid electric drive system. Technical report, Oak Ridge National Laboratory (2004)

[3] T.A. Burress, S.L. Campbell, C.L. Coomer, C.W. Ayers, A.A. Wereszczak, J.P. Cunningham, L.D. Marlino, L.E. Seiber, H.T. Lin, Evaluation of the 2010 Toyota Prius hybrid synergy drive system. Technical report, Oak Ridge National Laboratory (2011)

[4] Worldwide harmonized light vehicles test procedures. https://www2.unece.org/wiki/pages/viewpage.action?pageId=2523179

[5] R.L. Burden, F.J. Douglas, *Numerical Analysis* (PWS Publishers, 1985)

[6] Toyota hybrid system THS II, Toyota motor corporation. Technical report (2003)

[7] T. Hofman, R. van Druten, A. Serrarens, J. van Baalen, A fundamental case study on the Prius and IMA drivetrain concepts. Technical report, Technische Universiteit Eindhoven, The Netherlands (2015)

[8] J. Meisel, An analytic foundation for the two-mode hybrid-electric powertrain with a comparison to the single-mode Toyota Prius THS-II powertrain. SAE Paper 2009-01-1321 (2009)

[9] J. Liu, H. Peng, Z. Filipi, Modeling and analysis of the Toyota Hybrid System, in *Proceedings of the 2005 IEEE/ASME International Conference on Advanced Intelligent Mechatronics* (2005), pp. 134–139